Ein Handbuch der Holzschnitzerei

J. Holtzapffel , Charles Godfrey Leland

Writat

Diese Ausgabe erschien im Jahr 2023

ISBN: 9789359254067

Herausgegeben von
Writat
E-Mail: info@writat.com

Inhalt

EINFÜHRUNG.

HÖLZER, WERKZEUGE UND SCHÄRFEN.

DAS KÖNNEN in der Holzschnitzerei kann, wie in jeder anderen Kunst auch, nur durch Gründlichkeit erlangt werden. Denken Sie daher daran, dass der Schüler darauf achten muss, die *ersten* Lektionen zu meistern und nicht weiterzumachen, bis diese leicht und genau ausgeführt werden können. Dies wird sehr hilfreich sein, wenn das Buch sorgfältig gelesen und nicht als bloße Referenz verwendet wird.

DIE LEHRER werden bitte beachten, dass die Arbeit in einer regelmäßigen Reihe progressiver Lektionen erfolgt, wobei die erste äußerst einfach ist; und dass diese Lektionen so allmählich ineinander übergehen, dass die letzten für jemanden, der von Anfang an sorgfältig vorgegangen ist, nicht schwieriger sind als die ersten. Es wird sich herausstellen, dass dies den Unterricht und das Selbststudium erheblich erleichtert.

Jede Information wird unter der richtigen Überschrift zu finden sein und nicht hier und da über verschiedene Kapitel verstreut sein: Denn jede Lektion ist für sich genommen vollständig, und von der ersten Lektion an wird dem Schüler beigebracht, wie er eine zufriedenstellende Arbeit dieser Art verfassen kann. So sind das Einkerben oder Prägen, das sofort erlernt werden kann, und das Einstechen mit einer Hohlkehle, das nicht schwieriger ist, in der Lage, sehr schöne Dekorationen zu erzeugen, selbst wenn der Arbeiter nicht weiter geht. Tatsächlich hat noch kein Autor ernsthaft darüber nachgedacht, welche wertvollen und vielfältigen Ergebnisse diese einfachen Prozesse hervorbringen können.

Schließlich hat sich der Autor auf diesen Seiten bemüht , die Holzschnitzerei nicht nur als eine schöne Kunst zu behandeln, deren Hauptziel darin besteht, Exemplare ausgefallener Arbeiten für Ausstellungen und Faksimiles von Blumen anzufertigen, die niemals berührt werden dürfen, sondern auch den Lernenden zu qualifizieren für einen Beruf, und woraus neun Zehntel aller praktischen Holzschnitzereien tatsächlich bestehen, nämlich Haus- und andere große Dekorationen und Arbeiten, die vielleicht bemalt und der Luft ausgesetzt werden sollen. Es gibt keinen Grund, warum der Künstler nicht bereit sein sollte, Galionsfiguren für Schiffe, Gartentore, Gesimse für Dächer und Räume, Dados, Türverkleidungen und ähnliche Arbeiten sowie bloße Salonspielzeuge anzufertigen, die keine haben sollten Finish ohne die empfindliche Berührung des Schneidwerkzeugs.

HOLTZAPFFEL , ASSOC. , eine große Verpflichtung gegenüber hatte . M. Inst. CE, dessen Name allen Holz- und Metallarbeitern so gut bekannt ist, für Überarbeitungen, Vorschläge und die Hinzufügung des Kapitels über die

Verwendung der Säge beim Schnitzen. Er ist auch Herrn CADDY , Lehrer für Holzschnitzerei in Brighton, für wertvolle Anregungen zu Dank verpflichtet
.

WERKZEUGE UND GERÄTE. Das erste und wichtigste ist ein stabiler und wenn möglich *schwerer* Tisch oder eine schwere Bank. Kann sich der Schüler dies nicht leisten, muss ein gewöhnlicher kleiner Küchentisch gefunden werden. Es sollte nur zum Schnitzen verwendet werden, da Löcher gebohrt und Schrauben hineingedreht werden müssen. Wenn dafür aber kein Tisch entbehrlich ist, muss der Schüler Abhilfe schaffen, indem er ein mindestens 2,5 cm dickes Brett auf einen gewöhnlichen Tisch legt und es mit Klammern befestigt. In einem fortgeschritteneren Stadium wird er im Stehen an einer höheren Bank oder mit der Arbeit auf einem Ständer schnitzen. Schüler in Holzschnitzereien schnitzen oft von Anfang an im Stehen.

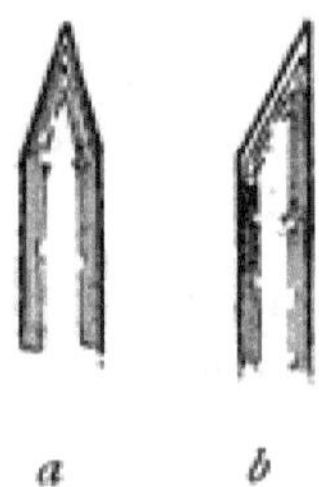

a   b

Schnitzwerkzeuge werden im Allgemeinen in zwei Klassen eingeteilt: Meißel, die am Ende und in der Klinge flach sind; und Furchen, die hohl sind. Unter professionellen Holzschnitzern wird ersterer allgemein als *Stechbeitel bezeichnet* , um ihn vom Meißel des Zimmermanns zu unterscheiden. Der Meißel eines Schnitzers ist immer auf *beiden* Seiten geschliffen, so dass er einen Keil wie ein sehr hohes, steiles Dach bildet (*a*), während der Meißel des Zimmermanns ein kräftigeres Werkzeug ist, dessen Schneide wie ein Keil aussieht, der auf *einer* Seite flach ist (*b*), da es auf der anderen Seite nur geschliffen ist. Der Zweck des *beidseitigen* Schleifens von Schnitzmeißeln besteht darin, dass es viele Schnitte gibt, die mit einem Zimmermannsmeißel überhaupt nicht oder zumindest nicht mit Leichtigkeit ausgeführt werden können, da man ihn bei der Verwendung ständig drehen müsste.

Abb. 1 a .
GOUGE.

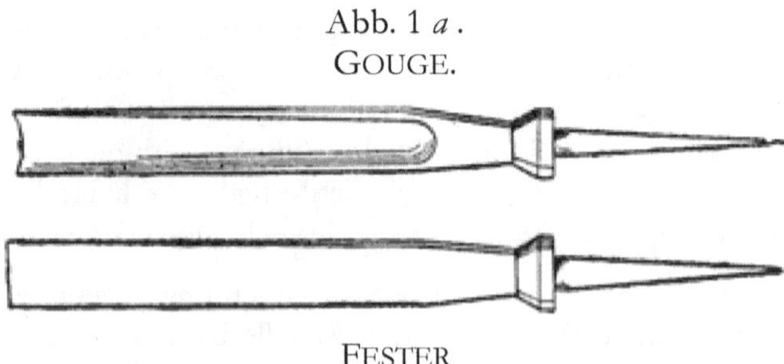

FESTER

Schnitzmeißel oder Meißel , Abb. 1 *b* , gibt es in vielen Größen, von einem Zoll Breite bis hin zum „Haken", der am Ende oder an der Kante nicht breiter als ein kleiner Bindestrich (-) ist. Dazu kommen die „Skew-Meißel", auch „Skews" oder „Corner- Firmers " genannt, bei denen es sich um Schiefermeißel handelt, die diagonal abgeschliffen sind, so dass die Spitze auf einer Seite liegt. Auch diese sind beidseitig geschärft.

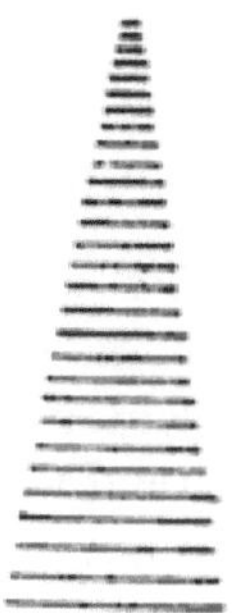

Abb. 1 *b* . FIRMER .

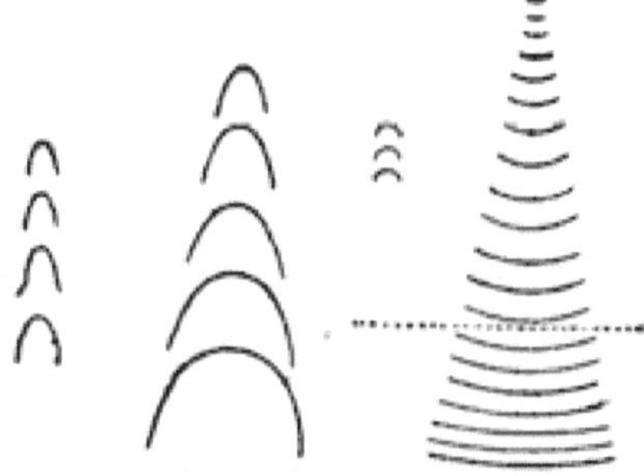

Feigen. 2-5. FURCHEN.

Furchen , Feigen. 2 - 5 sind mehr oder weniger abgerundete Meißel. Diese variieren in allen Breiten vom *extraflachen Meißel* , der so leicht gebogen ist, dass man ihn auf den ersten Blick für einen gewöhnlichen Meißel halten könnte, bis zum gewöhnlichen „flachen". Eine etwas stärkere Biegung oder Konvexität ergibt die *Spiralröhre* . Ein Halbkreis oder ein schmalerer Teil derselben Kurve ist eine *Hohlröhre* , deren kleinere Größen *Adern genannt werden* , die kleinsten der letzteren werden als *Augenwerkzeuge bezeichnet* . Es gibt einige Namensunterschiede zwischen Schriftstellern und Handwerkern, aber aus praktischen Gründen können die hier verwendeten Begriffe akzeptiert werden und werden von allen verstanden, die die Werkzeuge verkaufen.

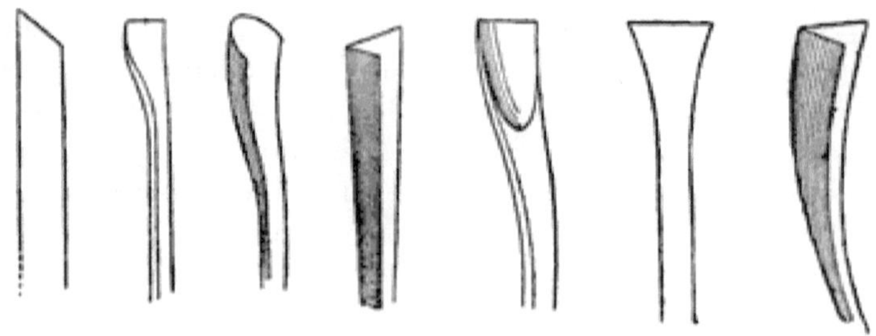

Abb. 6. GEBOGENE WERKZEUGE.

Gebogene Werkzeuge. Sowohl Meißel als auch Hohleisen sind im Schaft gerade oder gebogen oder gebogen. Es kommt oft vor, dass es bei tiefen Schnitten oder in Hohlräumen nicht möglich ist, mit einem Gerät mit geradem Schaft zu schneiden, während mit einem anders geformten Gerät das Holz leicht entfernt werden kann, Abb. 6 .

Festhalten. — *Schnitzerschrauben* und *Klemmen* , *Handschrauben* , *Tischschrauben* usw. _ Wenn der Schnitzer sein Werkzeug mit einer Hand hält und es mit der anderen führt, ist es offensichtlich, dass einige Mittel ergriffen werden müssen, um das Werkstück, das er schneidet, an Ort und Stelle zu halten.

I. Die einfachste Methode hierfür besteht darin, drei oder vier Nägel oder Schrauben in einem geeigneten Abstand in den Tisch zu schlagen. Dazwischen kann das Werkstück festgehalten werden, um ein Verrutschen zu verhindern.

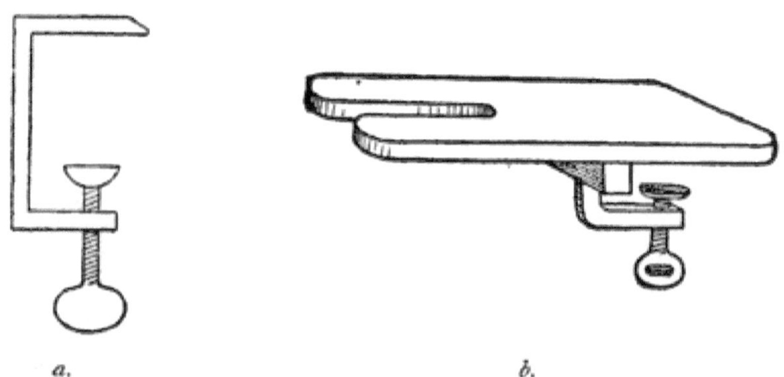

Abb. 7. HALTE- UND SÄGETISCH.

II. FESTHALTEN. — *Klammern* oder *Krämpfe* , Abb. 7 . Bei diesen Krämpfen handelt es sich um kleine Eisenrahmen, die wie drei Seiten eines Quadrats aussehen, mit einer Schraube im unteren Glied. Sie werden an der Tischkante angebracht, um das Werkstück fest auf der Tischoberfläche zu halten; es sind immer zwei oder mehr beschäftigt. Ihre Schuld besteht darin, dass sie das Werk beschädigen und beschädigen; Um dies zu verhindern, kann ein Stück Abfallholz zwischen das Werk und den oberen Gliedmaßen geschoben werden, aber ein solcher Schutz ist im Allgemeinen im Weg und aus anderen Gründen zu beanstanden. *Handschrauben* , Abb. 8 und 9 sind ein weitaus besseres Werkzeug, bei dem der oben genannte Einwand völlig frei ist. Sie bestehen aus zwei an einem Ende abgerundeten Hartholzstreifen oder Backen und zwei Schrauben, ebenfalls aus Holz, von denen eine durch beide Backen und die andere nur durch eine geht; Das Ende dieser zweiten Schraube dringt in eine Aussparung in der anderen Backe ein, um sie in Position zu halten. Um sie zu benutzen, werden die Griffe fest mit beiden Händen umschlossen und die Hände von Ihnen weg umeinander gedreht, wodurch sich die Backen genau parallel zueinander öffnen. Wenn die Öffnung zwischen den Backen der Dicke des Werkstücks und des Tisches entspricht, werden die Handschrauben darüber geschoben, und die zweite Schraube erhält dann allein eine zusätzliche halbe Umdrehung, wodurch die Backen leicht aus der Parallelität geraten und ein kräftiger Halt erreicht wird auf die Arbeit an ihren Punkten. Sie sind auch bei Haltearbeiten zum Zusammenkleben und für andere Zwecke äußerst leistungsstark und werden in allen Größen hergestellt.

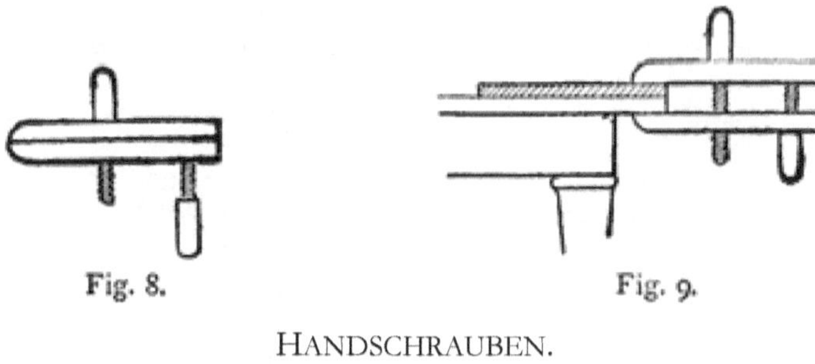

Fig. 8.   Fig. 9.

HANDSCHRAUBEN.

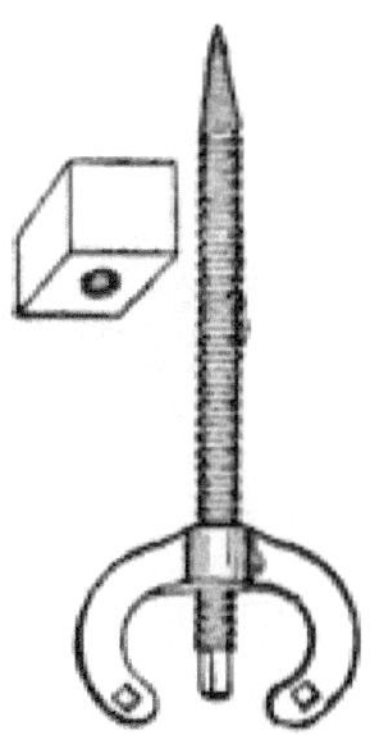

Abb. 10.

SCHNITZERSCHRAUBEN.

III. *Schnitzerschrauben* , Abb. 10 . Dabei handelt es sich um etwa 12 bis 14 Zoll lange Eisenschrauben mit einer feineren Spitze, ähnlich der eines

Bohrers, an einem Ende und einem Vierkant am anderen Ende; Auf der Schraube befindet sich eine Flügel- oder Flugmutter. Um sie zu verwenden, wird die Spitze fest in die Unterseite des Werkstücks geschraubt , wobei die Flügelmutter entfernt und durch eines der Löcher in ihren Flügeln, die auf dem Vierkant am Ende des Schafts platziert sind, als Hebel verwendet wird. Der Schaft wird dann durch ein Loch in der Oberseite der Bank oder des Tisches geführt und die Flügelmutter wieder auf die Schraube unter dem Tisch gesetzt, um das Werkstück daran zu befestigen. Die Schrauben sind lang, was manchmal praktisch ist, aber wenn die Arbeit dünn ist, ist es üblich, vor der Flügelmutter einen Block Altholz auf die Welle zu legen, um die Langeweile zu vermeiden, die letztere über einen langen Weg hochschrauben muss. Durch Lösen der Mutter kann das Werkstück in jede gewünschte Position gedreht werden, und über dem Tisch befindet sich nichts außer dem Werkstück.

IV. *Snibs oder Hunde* , Feigen. 11 , 12 . Dabei handelt es sich um mit dem Tisch verschraubte Holzstücke, die durch einen Vorsprung die Platte oder ein anderes Werkstück halten. Sie lassen sich ganz einfach herstellen, indem man einfach ein Stück Holz aussägt, dessen Dicke der des Paneels entspricht.

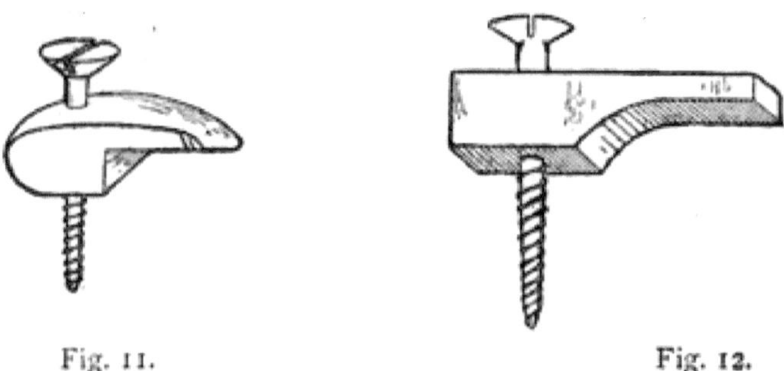

Fig. 11.   Fig. 12.

SNIBS ODER HUNDE.

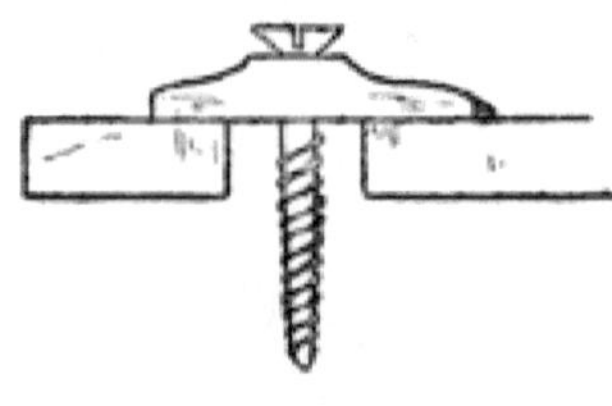

Abb. 13.

V. Nehmen Sie einen gewöhnlichen „Knopf", Abb. 13 , wie er an Schränken in Landhäusern üblich ist, um die Tür zu schließen. Sägen Sie ein Stück der Platte von einem oder mehr Zoll im Quadrat aus. Führen Sie die

Schraube durch den Knopf und drehen Sie sie über die Platte und das kleine Abfallstück Holz. Zwei oder mehr davon halten die Arbeit perfekt fest.

VI. Die einfachste Methode besteht darin, an beiden Enden der Platte etwa einen Zentimeter freizulassen und durch diese zusätzlichen Teile Schrauben in den Tisch zu stecken. Wenn das Werk geschnitzt ist, können diese Enden abgesägt werden.

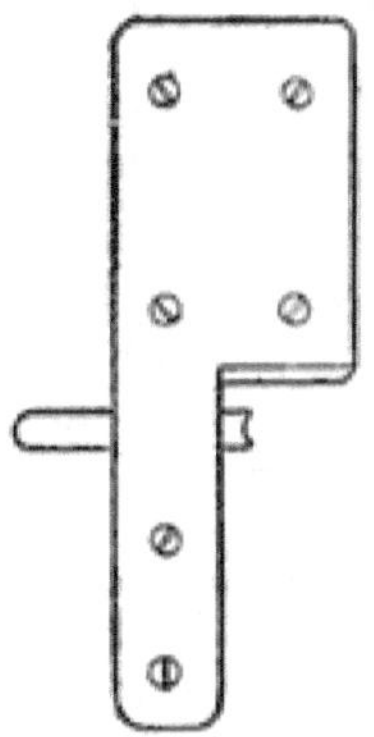

Abb. 14. KRATZER.

Der Kratzer, Abb. 14 . Dies ist ein sehr praktisches und geniales Werkzeug. „Es wird verwendet", sagt J. S. Gibson („The Wood-Carver", Edinburgh, 1889), „zum Einbringen kleiner Leisten und Vertiefungen. " Wenn die Linien lang und gerade sind, lassen sich feinere Arbeiten erzielen, als dies mit Hohleisen möglich ist. Die Messer bestehen aus Stahlstücken mit einer Dicke von kaum 1 bis 16 Zoll. Als Fräser werden in der Regel abgebrochene Sägestücke verwendet. Sie müssen fest im Schaft fixiert sein. Es wird sanft hin und her gearbeitet. Wenn die Fräser in die gewünschte Form gefeilt sind, müssen sie mit einem Schleifstein bearbeitet werden, um die Feilspuren zu entfernen. Sie sind an den Kanten gerade geschärft."

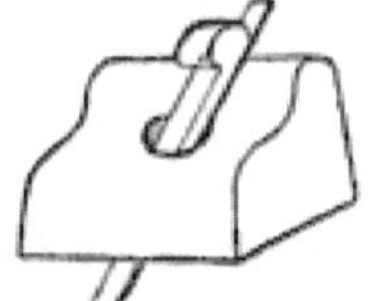

Abb. 15. ROUTER.

Der Router , Abb. 15 . Dies ist eine kleine Kopie des gleichnamigen Tischlerhobels. Es besteht aus einem Holzblock mit einer vollkommen flachen Sohle; Ein schräg verlaufendes Loch trägt den Fräser und den Keil, mit dem er befestigt wird. Es wird zum Glätten des Bodens eingesetzt, nachdem dieser teilweise mit dem Meißel ausgehoben wurde. Die Sohle der Oberfräse ruht auf allen verbleibenden Rändern der ursprünglichen

Oberfläche, und beim Arbeiten über dem Boden reduziert der feste Vorsprung des Fräsers diesen schnell auf eine wahre Ebene. Diese Oberfräsen haben eine Sohlenlänge von etwa neun Zoll bis zu einer Länge von etwa drei Zoll, die kleinsten, wobei die kleinen Werkzeuge Fräser mit einer Breite von etwa 1 bis 8 Zoll haben.

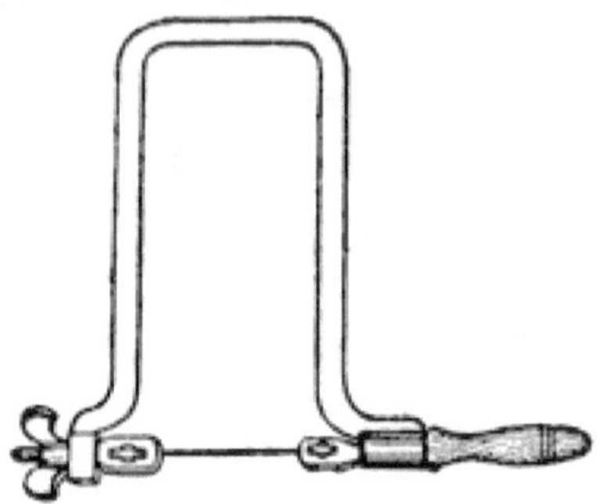

Abb. 16. BUNDBOGENSÄGE.

Sägen. Diese sind unterschiedlicher Art; Am nützlichsten ist vielleicht die Laubsäge, Abb. 16 . Dieses besteht aus einem leichten, dünnen Stahlrahmen mit Schraubbacken, an dessen offenem Ende die dünnen Sägeblätter eingespannt sind. Der Griff ist ebenfalls als Schraube geformt, wodurch die Backe etwa einen Zoll in Richtung ihres Gegenstücks vorgeschoben werden kann. Um die Säge in Arbeitsposition zu bringen, wird das Ende des Griffs herumgeschraubt, bis die Backe etwa 2,5 cm vorgeschoben ist. Anschließend wird die Säge mit der Rändelschraube in der gegenüberliegenden Backe und dann auf die gleiche Weise in der Backe des Griffs befestigt Anschließend wird der Griff so lange gedreht, bis sich die Backe wieder um den zuvor zurückgelegten Weg zurückbewegt hat, wodurch die Säge durch die Spannung des Stahlfeder-Sägerahmens belastet wird. Diese Säge eignet sich sehr gut zum Entfernen überflüssiger Teile aus dem Umriss, sowohl bei Flacharbeiten als auch beim Rundschnitzen, wie noch erklärt wird; Ihr Hauptzweck ist das Ausschneiden von Loch-, Buhl- und Laubsägearbeiten. Bei solchen Arbeiten ist jedoch ein Bohrer erforderlich, um Löcher zu stechen, um die Säge durch das Werkstück zu fädeln, bevor sie eingesetzt wird, da die geschnittenen Öffnungen nicht immer bis zum Rand reichen der zweite Kiefer, um ihn zu belasten. Abb. 16 ist für durchbohrte Arbeiten erforderlich, die auf den Boden gelegt und dann geschnitzt werden, ein Schnitzstil, der beschrieben wird. Die gewöhnlichen „Schwalbenschwanz"- oder „Zapfen"-Sägen für Tischler, deren Blätter einen steifen Rücken haben, werden benötigt und sind nahezu unverzichtbar, um Teile des Werkstücks abzuschneiden und in Form zu bringen. Diese Sägen sind zu bekannt, als dass sie einer Beschreibung bedürfen.

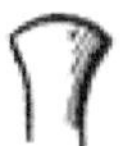

Abb. 17. KNÖCHELBEUGE.

Zusätzlich zu den bereits beschriebenen Werkzeugen benötigt der Schüler für weitere und abwechslungsreiche Arbeiten Folgendes : – I. *Den Spatenmeißel* und *die Spatenhobel* . Diese sind sehr leicht und werden für die Endbearbeitung von Hand verwendet, beispielsweise beim Schneiden von Weintrauben oder Pflaumen oder bei Feinarbeiten. II. *Kniebeugen* , Abb. 17 . Dabei handelt es sich um Hohleisen, die wie ein Knöchel gekrümmt oder gebogen sind. III. *Das Makkaroni-Werkzeug* , Abb. 18 . Das ist wie die drei Seiten eines Quadrats. Es dient zum Entfernen von Holz auf beiden Seiten einer Ader oder eines Blattes oder für ähnliche heikle Arbeiten. Es wird nicht sehr häufig verwendet. IV. *Das Trennwerkzeug oder* V , *gerade oder gebogen* . Dies ist ein nützliches Werkzeug zum Umreißen eines Musters oder zum Ädern von Blättern. Für Anfänger ist es wie bei den Macaroni eher schwierig, sie zu schärfen oder die Schärfe beizubehalten. Es darf nicht rücksichtslos zum Schnitzen verwendet werden, da es leicht zerbricht, wenn man es nicht mit Vorsicht behandelt. Es sollte mit einem Korken am Ende aufbewahrt werden.

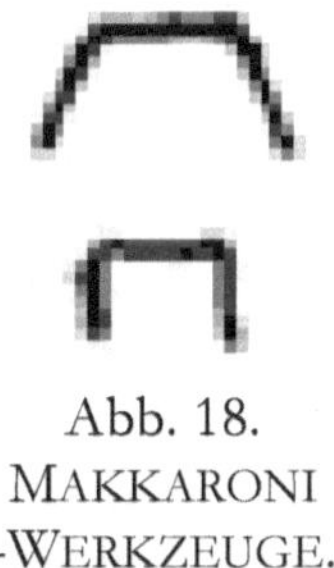

Abb. 18.
MAKKARONI
-WERKZEUGE.

Unter Fachleuten ist die Frage, ob die Werkzeuge für Anfänger lange oder kurze Griffe haben sollen, eine ebenso sinnvolle Frage, wie wenn man darüber debattiert, ob die Schüler große oder kleine Hände haben sollen. General Seaton, der in anderen Angelegenheiten eine gute Autorität ist, erklärt, dass „kleine, kurze, ordentlich gedrechselte Buchsbaumstiele vermieden werden müssen; sie sind nahezu nutzlos. Besorgen Sie sich gut dimensionierte Buchen- oder Eschenstiele mit einer Länge von etwa fünf Zoll, und wenn der Stahl 10 bis 10 cm lang ist, haben Sie ein wirklich brauchbares Werkzeug." Der gesunde Menschenverstand lehrt, dass es sehr große Unterschiede zwischen einem Kind oder einer jungen Dame, deren Handfläche „die Größe eines Kardinalssiegels" hat (um ein Gleichnis von Benvenuto Cellini zu übernehmen), und einem Arbeiter, der einen Zehnerhandschuh zerplatzen lassen würde in der Größe der Griffe, und es ist sicher, dass für junge Anfänger kurze Griffe zu empfehlen sind. Wenn sie nicht fertig erhältlich sind , dann nehmen Sie einen gewöhnlichen langen Stiel, sägen Sie ihn auf die erforderliche Länge ab, sagen wir von drei bis dreieinhalb Zoll, und runden Sie die scharfe Kante des Holzes zunächst mit einem Messer oder Meißel ab. dann mit einer Raspel und mit Glaspapier abschließen. Achten Sie darauf, dass die Werkzeuge beim Einsetzen in die Griffe *gut geschliffen* und *fest sind* . In den meisten Werkstätten ist es üblich, sie bei Bedarf zu schärfen. Nachdem der Schüler sich an solche Handgriffe gewöhnt hat , kann er sich im Laufe seines Fortschritts mit den allgemein gebräuchlichen Handgriffen vertraut machen.

Beim Holzschnitzen gibt es eigentlich nur ein *Problem* . Dabei geht es darum, die Werkzeuge zu schärfen und sie in gutem Zustand zu halten. Dafür sind Schleifstein und Ölstein unentbehrlich, und der Anfänger muss sich Mühe geben, seine Werkzeuge gut und leicht schärfen zu lernen.

SCHÄRFUNG. Werkzeuge, die noch ungeschliffen sind oder deren Schneide gebrochen ist, können mit Geduld und Sorgfalt auf einem harten, flachen Stein geschärft werden, aber runde Schleifsteine, die sich mit einem Griff drehen, sind nicht teuer; Sie können Ihre Werkzeuge jedoch jederzeit von jedem Schreiner schleifen lassen. Jeder Schnitzer sollte daher nach Möglichkeit einen dieser Schleifsteine besitzen. Es eignet sich sowohl für eine große Klasse als auch für eine Einzelperson. Das nächste Unverzichtbare ist der *Ölstein* . Dies gibt es in unterschiedlicher Form; Der gewöhnliche Truthahnstein, der in einen Holzblock gefasst ist, reicht für festere , schräge und flache Furchen aus, für feinere Werkzeuge können die besten Arkansas-Steine verwendet werden. Lassen Sie vor der Verwendung ein paar Tropfen Öl darauf fallen. Bewahren Sie das Öl in einem kleinen, speziell dafür vorgesehenen Behälter mit einer schmalen Tülle auf. Nehmen Sie einen groben Lappen und wischen Sie den Stein immer vom Öl ab, wenn Sie mit ihm fertig sind. Achten Sie darauf, dass in der Mitte des Steins keine Vertiefung entsteht. Am besten ist es, sich von einem Holzschnitzer oder Tischler zeigen zu lassen, wie man die Werkzeuge schärft. Es gibt nur sehr wenige Orte, an denen es nicht jemanden gibt, der diese Kunst lehren kann. Es ist üblich, den Ölstein mit einer Kastenabdeckung zu versehen, die bei Nichtgebrauch immer darüber liegen sollte, um zu verhindern, dass sich Staub auf der Oberfläche ablagert. Eine sehr geringe Staubmenge in Verbindung mit dem Öl ist in der Tat ein großes Hindernis für das Schärfen.

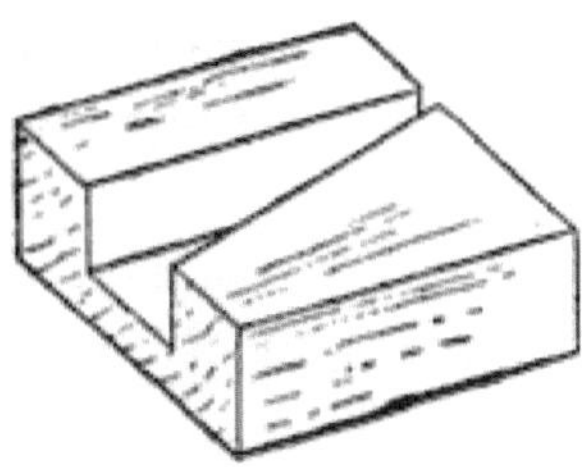

Abb. 19. BELEGHALTER.

Ausrutscher. Hierbei handelt es sich um Stücke von Arkansas-, Truthahn- und anderen Steinen in verschiedenen Formen, die in das Innere von Werkzeugen passen, die nicht auf einer ebenen Fläche wie Ölstein geschärft werden können. Bei der Handhabung ist große Vorsicht geboten, um Schnittverletzungen an den Fingern zu vermeiden. Um dies zu vermeiden, nehmen Sie ein Stück Holz und schneiden Sie eine tiefe Rille hinein, die genau darauf ausgelegt ist, den Stein fest zu halten, und so viel davon hervorstehen zu lassen, wie für den Gebrauch erforderlich ist, Abb. 19 . Wenn Sie für ein bestimmtes Werkzeug keinen exakt geeigneten Schlicker erhalten können, schleifen oder schneiden Sie ihn auf dem Schleifstein oder mit einer Feile in die richtige Form. Einige Schnitzer verwenden einen sehr groben Schleifstein, der für diesen Zweck geeignet ist. Die sichere Methode zur Verwendung einer Röhre, wenn diese nicht in Holz montiert ist, besteht darin, „die Rückseite der Röhre etwa anderthalb Zoll von der Kante entfernt auf die Tischkante zu legen; Die Kante des Werkzeugs muss leicht angehoben werden, dann kann der Schlicker absolut sicher und mit großer Wirkung aufgetragen werden." (Seaton.) Das V oder Trennwerkzeug ist schwer zu schärfen, da es schwierig ist, jede Seite *exakt* gleichmäßig zu schärfen, wenn man nicht damit geübt hat . Hierzu ist es erforderlich, dass der Schleifer V-förmig geschliffen wird, damit er genau in die Innenseite des Werkzeugs passt.

Das Band. Dabei handelt es sich um ein Stück hartes, glattes Leder, das auf ein flaches Stück Brett geklebt ist. Dies kann mit süßem Öl und Schmirgelpulver oder Tripolis zubereitet werden, das bei Bedarf erneuert werden kann, oder mit einer Zubereitung aus Schmalz und Krokuspulver. Im Werkzeugladen erhältliche Schmirgelpaste reicht für alle normalen Arbeiten aus. Wenn kein Riemen zur Hand ist, kann sogar auf einem glatten Kiefernbrett eine letzte Schärfe oder eine Rasierklinge erzielt werden, insbesondere wenn sich nur sehr wenig feiner Luftstaub darauf befindet.

Das Schärfen der Werkzeuge ist wie das Einfädeln der Nadel beim Nähen oder das Setzen einer Spitze auf Bleistifte beim Zeichnen, etwas, das eine große Mühe ist und eine ständige Unterbrechung ernsthafter Arbeit darstellt, aber dennoch ständig überwacht werden muss. Fahren Sie niemals eine Sekunde lang mit dem Schnitzen fort, wenn Sie feststellen, dass ein Werkzeug auch nur im Geringsten stumpf oder „kratzig" wird. Ohne wirklich gute Werkzeuge in einwandfreiem Zustand kann es überhaupt keine gute Arbeit geben.

innen nie so stark geschliffen sind wie außen. Außerdem sorgt dieser Doppelschliff für eine schärfere Schneide; aber Furchen erfordern nur sehr wenig Kantenbearbeitung *im Inneren* .

Sollte der Schnitzer nicht in der Lage sein, einen Stein aus der Türkei oder aus Arkansas zu erhalten, kann er glatten Schiefer oder fast jeden Stein verwenden, der einigermaßen hart ist.

HOLZ. Sämtliches Holz zum Schnitzen sollte von bester Qualität, gut abgelagert und möglichst frei von Rissen, Ästen oder anderen Unregelmäßigkeiten sein. Feine Weißkiefer oder Kiefernholz ist sehr leicht zu schneiden und daher für Anfänger geeignet. Linden- und Birnbaumholz sind wie Kiefernholz gleichmäßig in der Maserung. Auch amerikanische Walnüsse lassen sich leicht schneiden. Es hat eine wunderschöne dunkle Farbe , die durch Ölen und Alter deutlich verbessert wird. Dazu gehören Buche, Ulme und Eiche, die jedoch härter als die vorangegangenen sind. Pappel, Yellow Deal und das sogenannte amerikanische Holz (in Amerika, den Mittelstaaten als Pappel bekannt) eignen sich für viele Arten von Arbeiten. Der Schnitzer sollte sich so schnell wie möglich an Eichenholz gewöhnen, da ein hartes Holz keineswegs schwer zu schnitzen ist, sobald man sich ein wenig Geschick angeeignet hat. Knochen, Elfenbein und Perlmutt, die auf den ersten Blick fast undurchdringlich zu sein scheinen, lassen sich nach ein paar Tagen mit großer Leichtigkeit „bearbeiten".

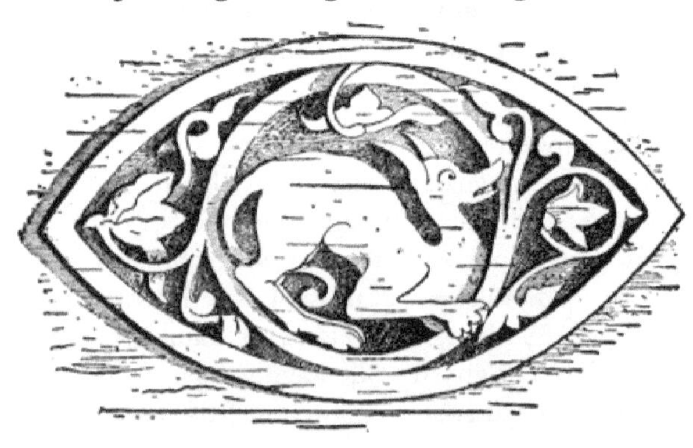

ERSTE STUNDE.

Eindrücken und Stempeln.

DER erste Schritt beim Holzschnitzen besteht darin, eine flache Oberfläche mit einem sehr flachen Relief zu verzieren, und zwar durch einen Prozess, der streng genommen überhaupt kein Schnitzen ist. Der Anfänger soll eine Platte oder ein dünnes, flaches Brett nehmen, sagen wir eines mit einer Breite von sechs Zoll, einer Länge von zwölf Zoll und einer Dicke von einem halben Zoll oder weniger. Für diese Art von Arbeit ist ein fein gemasertes, gleichmäßiges und helles Holz wie Stechpalme oder Buche vorzuziehen. Zeichnen Sie das Muster mit einem sehr schwarzen und weichen Blei- oder Buntstift auf Papier in der vorgesehenen Größe, platzieren Sie es mit der Vorderseite zum Holz, drehen Sie die Kanten um und kleben Sie sie an der Kante der Platte fest. Reiben Sie dann vorsichtig mit einem sehr glatten, harten Gegenstand, beispielsweise einem Polierer aus Achat oder Stahl, einem Papiermesser aus Elfenbein oder dem Ende eines abgerundeten und glänzenden Taschenmessergriffs, über die Rückseite des Musters. Wenn dies erledigt ist, entfernen Sie das Papier und das Muster wird auf das Holz übertragen. Wenn es nicht perfekt ist, verbessern Sie es.

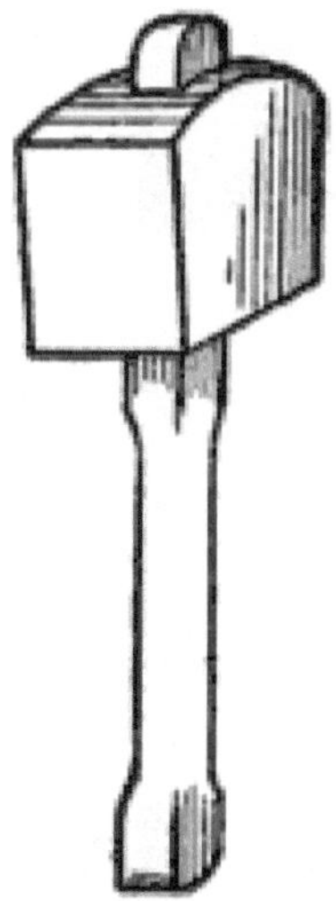

Abb. 20.

Der Schüler kann nun mit einem Musterrädchen oder einem Zeichenstift eine Linie oder schmale Rille in den Umriss des Musters eindrücken oder markieren. Der Leuchtstift ist das gleiche Werkzeug mit dem gleichen Namen, das bei *Repoussé*- oder Messingblech- oder Metallarbeiten verwendet wird. Sein Ende ähnelt genau dem eines Schraubenziehers. Um es richtig zu handhaben, halten Sie es aufrecht, lassen Sie es laufen und klopfen Sie dabei mit einem Hammer aus Eisen oder Holz darauf, Abb. 20 . In einigen Ländern wird ein Holzstab mit einer Länge von etwa 15 cm und einer Breite am Ende von 2,5 cm verwendet. Wenn das Rad nicht eingesetzt werden kann, z. B. in kleinen Kurven, verwenden Sie den Taster. Der spitze Markierungsstift, Abb. 21 , wird bei Lederarbeiten und in der Tischlerei verwendet und ist für kleinere Musterarbeiten oft unverzichtbar.

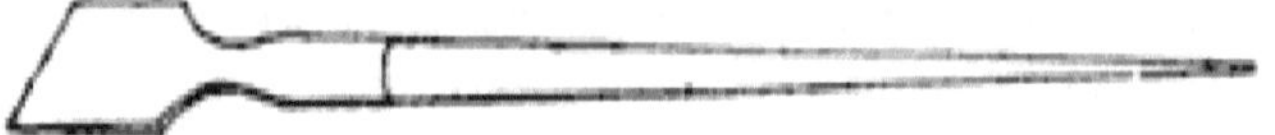

Abb. 21. SPITZER UND KANTIGER TRACER.

Wenn der Umriss vollständig in einer Rille markiert ist, nehmen Sie einen der in Abb. 23 gezeigten *Stempel* oder Erdungsstempel und schlagen Sie mit dem Hammer den gesamten Hintergrund ein, Abb. 24 . Wenn es Ecken gibt, die zu klein sind, um den oder die Stempel für das gleiche Muster aufzunehmen, schließen Sie sie mit einem spitzen Nagel oder einer anderen Spitze ab, z. B. einem Bodkin. Das Ergebnis wird dem einfachen Design in Abb. 23 ähneln . Anschließend das Ganze mit Öl bestreichen, einreiben und vorsichtig abwischen. Dann polieren Sie mit einem Stück sehr weichem Holz nur das Muster und reiben es abschließend von Hand oder mit einer harten Bürste ab. Diese Art der Verzierung ist für Buch- oder Albumeinbände geeignet, da sie auf den dünnsten Holzplatten angebracht werden kann.

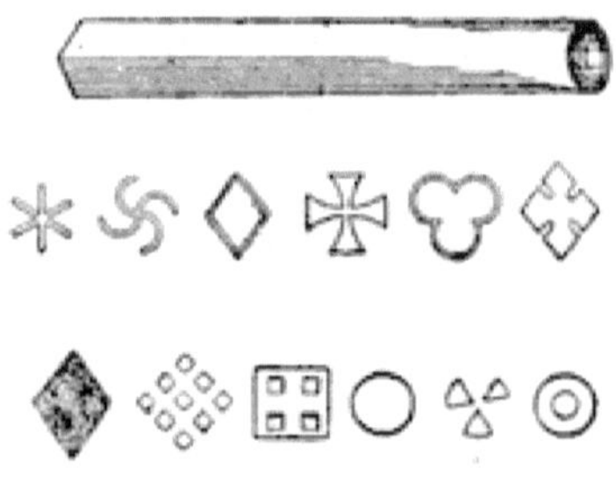

Abb. 23. BRIEFMARKEN.

Eine andere Möglichkeit, diese Arbeit zu verbessern, besteht darin, mit dem Markierungsstift den Boden zu glätten und einzudrücken, insbesondere in der Nähe der Musterkante. Dies führt zu einer verbesserten Entlastung. Anschließend kann der Boden gestampft oder „mattiert" werden, Abb. 24 . Man darf bedenken, dass der Schüler, der diesen Vorgang des Einritzens mit Rädchen, Stiften und Stempeln beherrscht, durchaus in der Lage sein wird, Muster in feuchtes Blattleder einzuarbeiten, da letzteres auf die gleiche Weise mit den gleichen Werkzeugen ausgeführt wird. Auch der erste Schritt in der *Repoussé-* oder Blechbläserarbeit unterscheidet sich nicht wesentlich davon. Alle kleineren Künste haben viel gemeinsam; Viele der Tools, die in einem verwendet werden, sind auf andere anwendbar. Dem Schüler, der mit Zeichenkenntnissen beginnt, wird es bald leicht fallen, mit jedem Material zu arbeiten.

Nachdem der Schüler dies getan hat, hat er eine Vorstellung davon, wie ein Muster *platziert* oder *beabstandet ist* und einen Kontrast zum Boden bildet. Er kann nun eine weitere Platte nehmen und nach dem Zeichnen des Musters den Umriss in einer leichten Rille mit einer sehr kleinen Hohlkehle, einem V-Werkzeug oder einem *festeren Werkzeug* ausschneiden . Er soll sehr vorsichtig sein, den Griff in der rechten Hand zu halten und die Klinge mit den Fingern der linken Hand zu führen, *und diese niemals bis zur Spitze gelangen zu lassen* . Schneiden Sie nicht zu tief oder zu schnell. Bevor Sie mit dem Muster beginnen, üben Sie das Schneiden von Rillen in Altholz. Wenn dies nicht geschieht, wird das Panel mit ziemlicher Sicherheit beschädigt. Unter Schnitzern ist es üblich, mit dem Schneiden der Nut mit einem V-Werkzeug zu beginnen, aber es ist gut, sich darauf vorzubereiten, indem man den Taster oder das Rad verwendet.

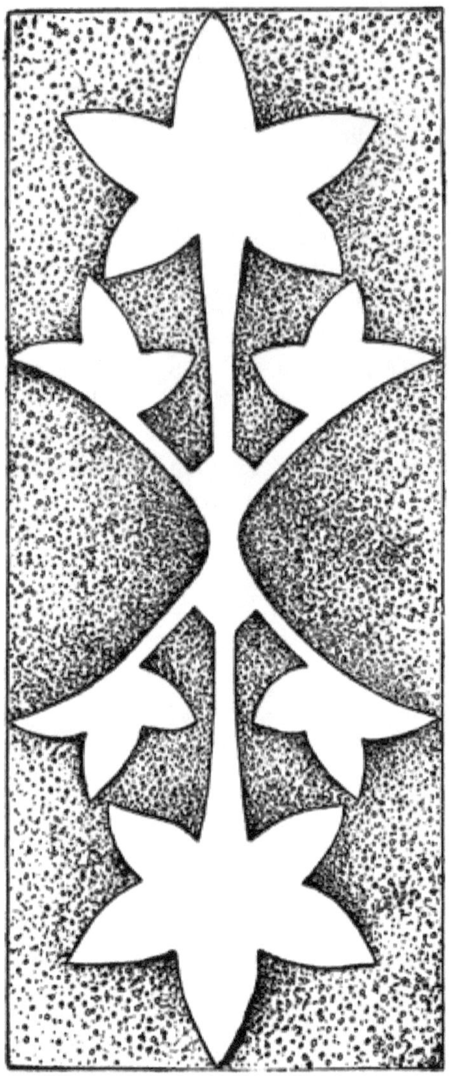

Abb. 24.

Abb. 27 stellt die Wirkung eines Bodens dar, der durch die Verwendung runder Stempel unterschiedlicher Muster und Größe eingekerbt und teilweise verziert ist. Auf diese Weise lassen sich sehr gute Effekte erzielen, die einer Windelarbeit ähneln.

Um den Prozess klar zusammenzufassen, lassen Sie mich Folgendes bemerken: Zunächst muss die Pupille eine glatte Oberfläche ohne Knoten oder Unvollkommenheiten haben. Darauf wird das Muster gezeichnet bzw. darauf übertragen. Dieses Muster sollte vollständig aus Umrissen bestehen,

ohne Innenlinien oder Zeichnungen zwischen den Außenkanten, Abb. 24 .
Nehmen Sie ein Rädchen oder einen Taster und ritzen Sie das gesamte
Muster sehr sorgfältig und ziemlich tief ein, nicht mit einem einzigen Druck,
sondern indem Sie zweimal oder dreimal über die Linie fahren. Dann mit
Stempel und Hammer den gesamten Hintergrund und die Zwischenräume
zwischen den Kanten des Musters eindrücken. Nachdem Sie dies einmal
getan haben, nehmen Sie eine weitere Platte und ein anderes Muster und
schneiden Sie den Umriss nicht mit einem Rad oder einer Markierung ein,
sondern mit einem Trennwerkzeug oder einer Hohlkehle – nicht zu tief.
Anschließend wie zuvor einrücken, Abb. 25 .

Dieses Einprägen des Bodens wird oft fälschlicherweise als
„*Windelschnitzen*" bezeichnet, aber die Windel ist genau genommen ein kleines
Muster, das vervielfacht wird, um einen Boden zu bilden, und nicht grob
gewellt oder gepunktet oder gestochen. Letzteres ist natürlich einrückend.
Windeln können wie jedes andere Muster entweder gestempelt oder
geschnitzt werden.

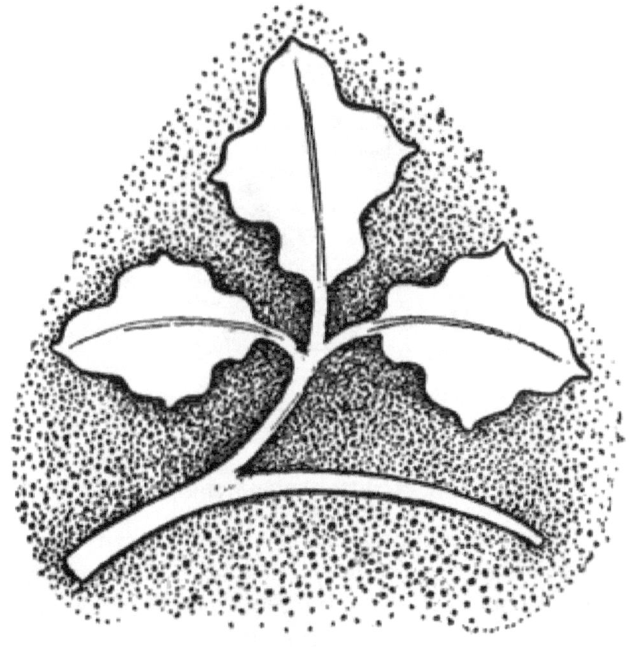

Abb. 25.

Dieses Verfahren des Abflachens, Rollens, Nachzeichnens und Stempelns
von Holz war im Mittelalter so verbreitet, obwohl es heute kaum noch
praktiziert wird , dass es nur sehr wenige Galerien mit Bildern mit goldenem
Hintergrund gibt, in denen sich keine Exemplare davon befinden. Sehr große
Meister der Malerei praktizierten es häufig. Nachdem sie den Boden

vergoldet hatten, zeichneten sie das Muster mit einem Stechrad nach, das der Spur eines Sporens ähnelt, und zeichneten oft mit dem Rad selbst Punktmuster auf das flache Gold. Anschließend wurde schwarze oder dunkelbraune Farbe in die Punkte eingerieben. Manchmal wurde auch der Stempel verwendet und seine Markierungen oder Löcher auf die gleiche Weise ausgefüllt. Es ist nicht notwendig, den Hintergrund zu vergolden, um einen schönen Effekt zu erzielen. Tragen Sie zunächst eine Lackschicht auf, polieren Sie sie nach dem Trocknen mit feinstem Glaspapier, tragen Sie dann ein oder zwei Schichten weißer Ölfarbe auf, getönt mit Neapelgelb, und bearbeiten Sie sie nach dem Trocknen mit Spurmarkierungen und Stempeln. Nach dem Trocknen noch einmal polieren und alle Linien und Punkte mit dunkelbrauner Farbe einreiben. Bedecken Sie es mit zwei Schichten feinem Retuschierlack, und der Effekt wird dem von altem geprägtem Elfenbein ähneln.

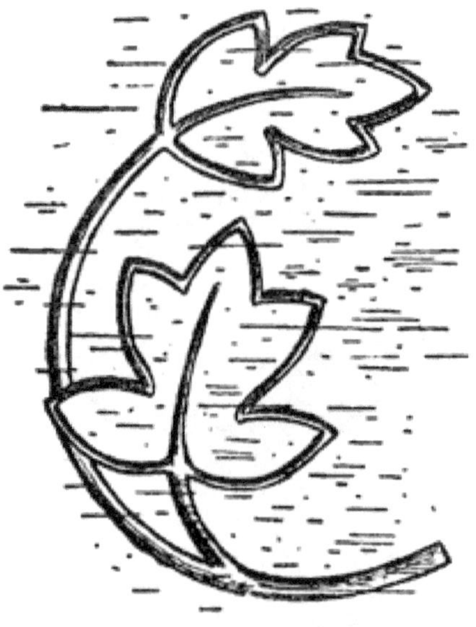

Abb. 26. FURCHENLINIEN.

Diese erste Lektion kann von denjenigen weggelassen werden, die sofort mit dem Schnitzen beginnen möchten. Es wird hier aufgeführt, weil es die einfachste und kostengünstigste Art der Holzverzierung darlegt und für sich genommen eine merkwürdige und schöne Kunst darstellt. Damit kann man sich mit der Methode zur Übertragung von Mustern auf Holz und mit der Handhabung von Markierung und Stempel vertraut machen. Das Musterrad sollte in der rechten Hand gehalten und mit dem Zeigefinger der linken Hand geführt werden, was eine gute Vorbereitungsübung für Meißel und Hohleisen darstellt.

Obwohl die für diese Arbeit erforderlichen Werkzeuge rar und kostengünstig sind, lässt sich beobachten, dass überall erträgliche Ersatzmittel dafür erhältlich sind. Nahezu jede Messerklinge, jeder Radiergummi oder jeder Schraubenzieher kann zu einer stumpfen Kante geschliffen werden, die dazu dienen kann, das Holz nachzuzeichnen und zu drücken, während ein Dorn oder ein sehr großer Nagel am Ende mit einer Feile so gekreuzt werden kann, dass das Holz beschädigt wird einen Stempel anfertigen.

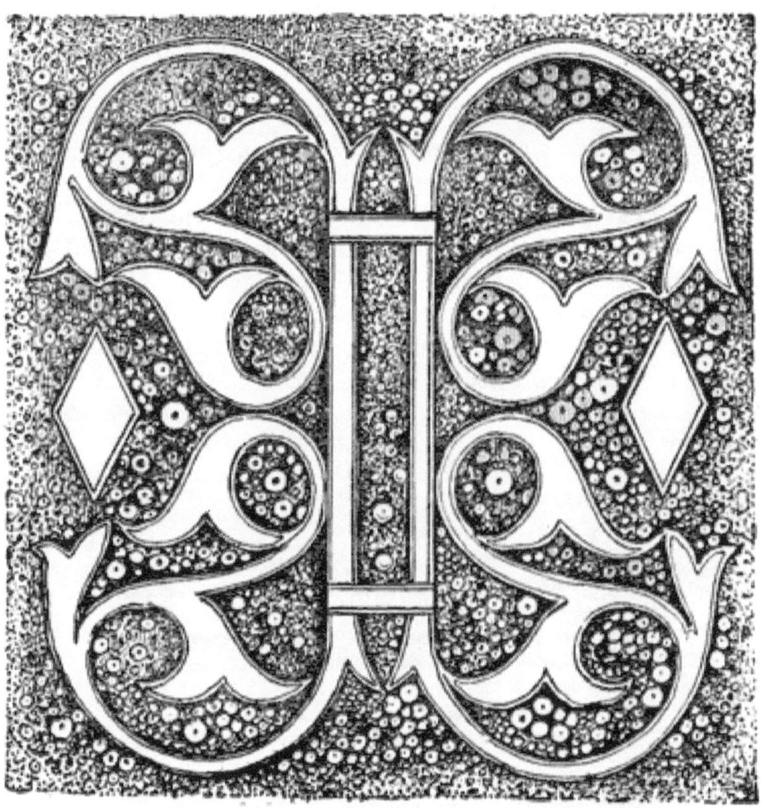

Abb. 27. EINGEDRÜCKTER BODEN.

ZWEITE LEKTION.

NUTEN MIT EINEM MESSER SCHNEIDEN.

WIR gehen nun davon aus, dass der Schüler ein Stück glattes Kiefernholz, mindestens sechs mal sechs Zoll groß und einen halben Zoll dick, vor sich am Tisch befestigt hat. Lassen Sie ihn mit einem Bleistift zwei Linien quer zur Faser zeichnen, die einen Viertel Zoll voneinander entfernt sind. Dann nahm er eine halbkreisförmige Kehle oder Hohlkehle mit einem Durchmesser von ebenfalls einem Viertel Zoll und schnitt vorsichtig das Holz zwischen den Linien ab, um eine halbkreisförmige Rille zu bilden, Abb . 28 *a* . Dies kann nicht dadurch erreicht werden , dass das gesamte Holz auf einmal weggeschnitten wird. Zuerst sollte ein wenig entfernt werden, um eine flache Rille zu erzeugen, dann kann diese erneut geschnitten werden, bis der Einschnitt perfekt ist. Halten Sie den Griff des Werkzeugs fest in der rechten Hand, wobei das Handgelenk und ein Teil des Unterarms auf der Bank ruhen; Platzieren Sie die beiden ersten Finger der linken Hand etwa einen Zoll von der Schneidkante entfernt auf der Vorderseite der Klinge, um sie auszurichten und als Anschlag zu fungieren, um zu verhindern, dass das Werkzeug zu schnell vordringt. Manche platzieren den Daumen unterhalb der Klinge, so dass er zwischen Daumen und den beiden Zeigefingern gehalten wird.

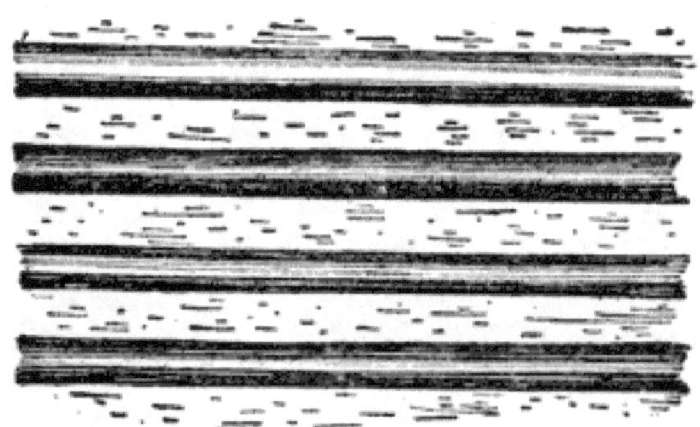

Abb. 28 *a* . GERADE RILLEN.

„Konzentrieren Sie sich auf Ihre Arbeit — eine unvorsichtige Bewegung kann dazu führen, dass das Werkzeug abrutscht und es ruiniert." Lassen Sie jeden Meißel- oder Hohleisenhieb nach Zweck und Absicht erfolgen und regulieren, nicht willkürlich oder willkürlich. Überlegen Sie *genau* , was Sie kürzen möchten oder vorhaben, und überlassen Sie nichts dem unfreiwilligen Handeln. Die Gewohnheit, dies zu tun, kann man sich in den ersten Lektionen aneignen, wenn man es versucht, und wenn man es sich angeeignet hat, sind alle wirklichen Schwierigkeiten des Schnitzens gemeistert.

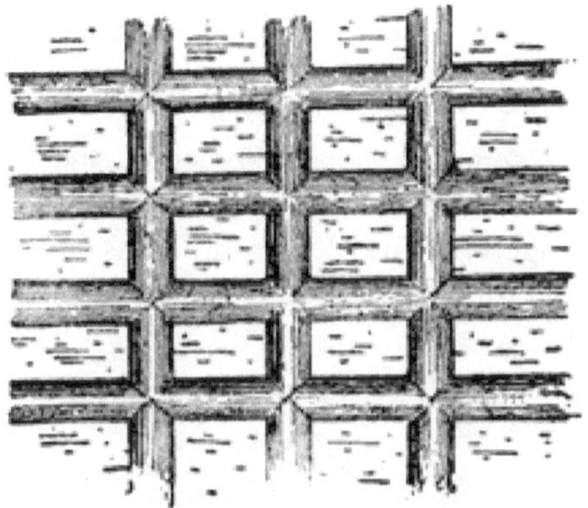

Abb. 28 *b* . KREUZRILLEN.

Versuchen Sie niemals, etwas zu schnitzen, es sei denn, es ist am Tisch befestigt. Schüler, die dies tun, gewöhnen sich an, die Platte mit der linken Hand festzuhalten, was dazu führt, dass das Werkzeug früher oder später abrutscht und eine möglicherweise schwere Verletzung verursacht. Halten Sie immer beide Hände am Werkzeug.

Wenn der Schüler etwa zwanzig gerade Rillen mit großer Sorgfalt mit dem Hohleisen geschnitten hat, kann er dann kreuzförmige Rillen schneiden, Abb. 28 *b* , und dann gekrümmte Rillen wie in Abb. 29 *a* , *b* , *c* .

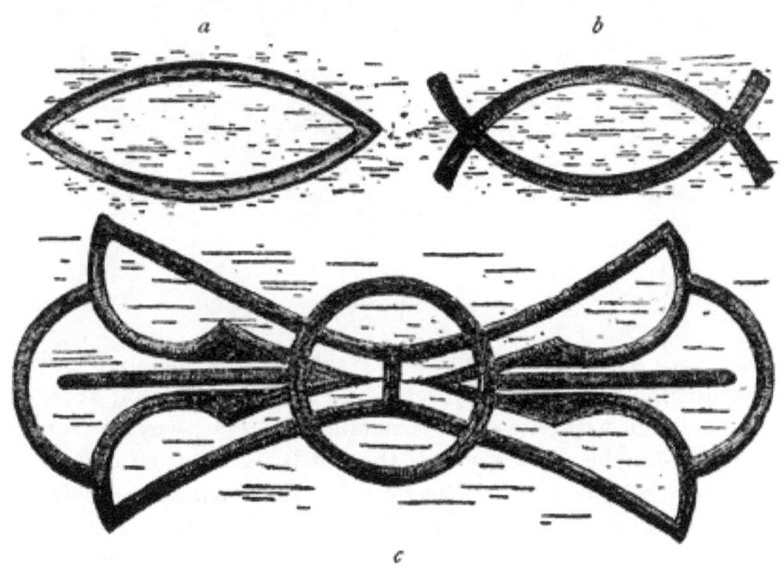

Zwei Kreisabschnitte, die sich auf diese Weise schneiden, bilden, wie man sehen kann, ein Blatt. Dafür können eine, zwei oder sogar drei Unterrichtsstunden aufgewendet werden, *aber lassen Sie den Schüler nicht weitermachen , bis er diese Rillen perfekt schneiden kann* . Dann wird es für ihn eine hervorragende Übung sein, in unregelmäßigen Abständen Rillen in Kreisen, Spiralen oder anderen Formen einzuritzen. Das Schnitzen von Rillen kann als Linienzeichnen angesehen werden, denn jedes Muster, das in einfachen Linien gezeichnet werden kann, kann natürlich mit einer Hohlkehle nachgeahmt werden.

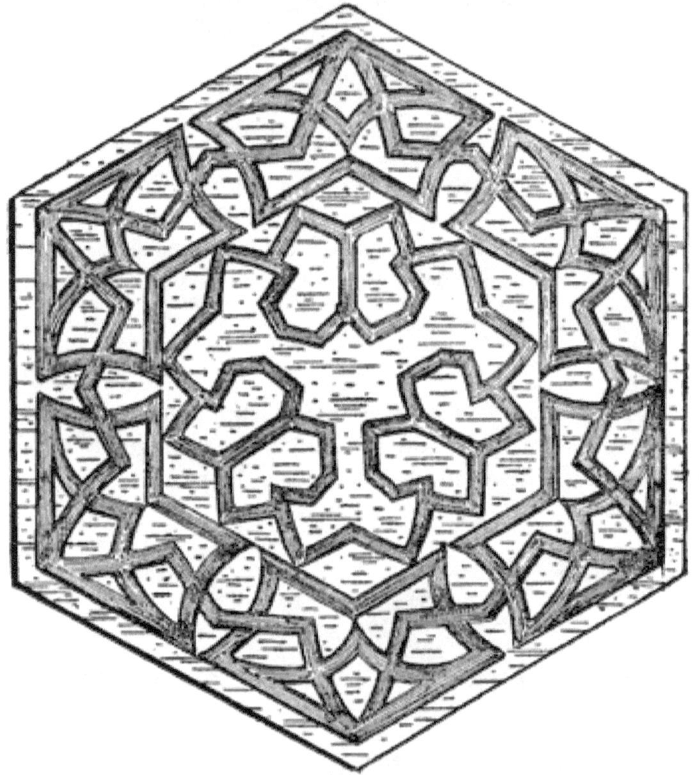

Abb. 30.

Allein durch dieses Hohleisen können sehr hübsche dekorative Arbeiten erzielt werden, und tatsächlich war es im fünfzehnten und sechzehnten Jahrhundert sehr verbreitet, wie Exemplare in den Museen von South Kensington, München, Wien und Salzburg belegen. Das gewählte Holz war im Allgemeinen eine stark gemaserte oder stark markierte Kiefer, deren natürliche gelbe Farbe durch Beizen, Ölen oder Alter etwas verstärkt wurde. Das Muster, im Allgemeinen ein Blattmuster, wurde dann mit einer schmalen

Kerbe von etwa einem Drittel Zoll umrissen und die Rillen mit Schwarz oder Braun bemalt. Dies wurde in vielerlei Hinsicht angewendet, insbesondere aber bei großen Schränken oder Kleiderschränken. Es handelt sich um eine sehr schnelle und effektive Art der Arbeit.

Keltische oder irische (oder Runen-)Muster, die einander kreuzenden Seilen oder Bändern ähneln, lassen sich sehr gut nachahmen, indem man diese Linien mit einer Fräse nachahmt, Abb. 30 . Kein Autor, der sich mit Holzschnitzerei beschäftigt, scheint jemals bemerkt zu haben, welch schöne, komplizierte und wertvolle Arbeit allein auf diese Weise ausgeführt werden kann. Diese Linien können in Schwarz, dunklen Farben oder Rot bemalt werden , um auf dekorativen Möbeln oder Friesen feine Effekte zu erzielen. Es kann auch beobachtet werden, dass sie, wenn sie geschnitten werden, für Formen für Gips, Pappmaché und Leder verwendet werden können . Der Schüler täte gut daran, ein paar Tage damit zu verbringen, einfache Groove-Arbeiten zu entwickeln, die es wert sind, vollkommen verstanden zu werden. Es gibt nur wenige, die nach ein paar Tagen Übung nicht sorgfältig lernen können, wie man mit einer Hohlröhre sehr gut Rillen schneidet. Ich fordere den Schüler auf, dies mit Leichtigkeit zu tun, bevor er fortfährt. *Zweitens* , dass ihm tatsächlich klar wird, wie viele schöne Arbeiten mit einer Hohlkehle von einem Viertel bis einem Drittel Zoll Durchmesser gemacht werden können; wie zum Beispiel bei Inschriften, geflochtenen Bändern oder anderen Mustern aus *Linien* oder Schnüren, keltischer Verzierung, geflochtenen Seilen oder Bändern usw. Der Künstler, der das Schnitzen für allgemeine Dekorationen erlernen möchte, sollte dieser einfachen Arbeit besondere Aufmerksamkeit widmen.

Anfänger im Schnitzen sind ausnahmslos so darauf bedacht, Ornamente oder Blätter als Relief zu erhalten und ein hochwertiges Kunstwerk zu schaffen, dass sie das Rillen und Kurvenschnitzen oder Flachschneiden als sehr unbedeutend vernachlässigen Tatsächlich wäre es in jeder Hinsicht viel vorteilhafter, es bis zum Äußersten zu entwickeln. Der Hauptgrund dafür, dass es derzeit so wenig Verzierungen großer Räume in Tafeln, Schriftrollen oder Möbeln durch Schnitzereien gibt, liegt darin, dass sich alle Schnitzer fast ausschließlich ehrgeizigeren Arbeiten widmen und ignorieren, was mit ein paar Werkzeugen möglich ist mit den einfachsten Methoden.

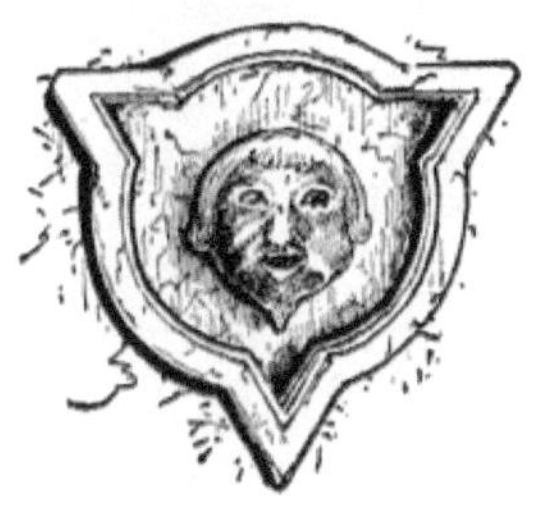

DRITTE LEKTION.

FLACHMUSTER AUS SCHNITT UND LINIEN – CAVO RELIEVO ODER INTAGLIO RILEVATO (CAVO-SCHNEIDEN).

ES gibt eine einfache Art des flachen oder hohlen Schnitzens, wenn man es so nennen kann, das mit einer Hohlkehle oder einem V-Werkzeug oder nur einem festeren Werkzeug ausgeführt wird, aber flache Muster erzeugt. Machen Sie das Muster, und da es fast ausschließlich mit Linien oder Rillen oder kleinen Vertiefungen ausgeführt werden soll, muss es so gestaltet sein, dass die Muster eng aneinander liegen oder nur durch Linien getrennt sind. Hin und wieder oder hier und da kann eine kleine Ecke oder ein größerer Raum oder Hohlraum durch eine Berührung des Werkzeugs entfernt werden, aber in der Regel steckt darin über bloße Linien hinaus wenig Arbeit. Wie bei der Hohlmeißelarbeit der vorherigen Lektion kann zwar jeder in ein oder zwei Tagen lernen, die Linien zu „verlegen", doch wenn gute Muster zur Verfügung stehen, können damit bemerkenswert schöne und wertvolle Arbeiten hervorgebracht werden. Es eignet sich ebenso für Schränke, Truhen, Stuhlpaneele oder andere Arten von Dekorationen. Natürlich können die Linien, Vertiefungen oder Aushöhlungen, wie in allen Fällen, mit Farbe ausgefüllt werden , Abb. 31 .

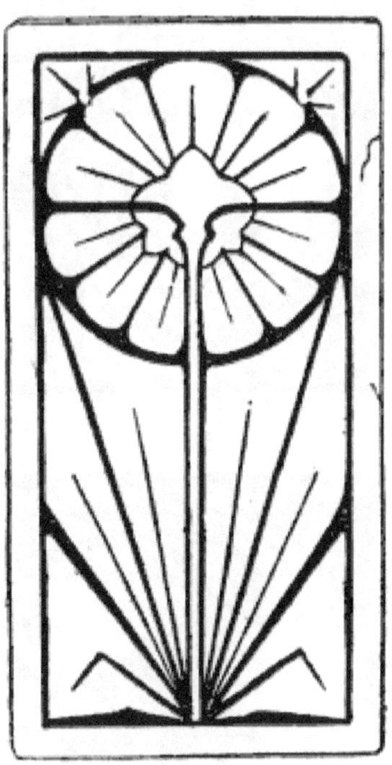

Abb. 31.

Diese Arbeit lässt sich oft sehr gut allein mit dem Meißel (oder Flachmeißel) ausführen, und es ist eine gute Übung, sich mit diesem stark vernachlässigten Werkzeug vertraut zu machen.

Das Flach- oder Cavo -Schneiden dieser Art stellt *gegenüber* dem Nuten mit einer Hohlröhre nur einen kleinen Fortschritt dar, die Ergebnisse können jedoch sehr viel künstlerischer sein. Es nimmt eine Stellung zwischen dem Hohleisen und dem Ausschneiden des Bodens ein. Jede dieser Künste ist so getrennt wie so viele verschiedene Künste, aber sie führen zueinander, Abb. 31 - 35 .

Der einfachste Weg, diese Arbeit vorzubereiten, besteht darin, das Muster mit Tusche auf das Holz zu zeichnen und dann einfach das gesamte Schwarz wegzuschneiden. Die Linien in Blättern usw. müssen sehr sorgfältig mit dem V-Werkzeug gezogen werden; Alle größeren Vertiefungen sollten mit einem Hohleisen ausgeschnitten werden. Sollten sehr große Mulden, Räume oder Grundstücke verbleiben, müssen diese wie in der nächsten Lektion beschrieben ausgeführt werden.

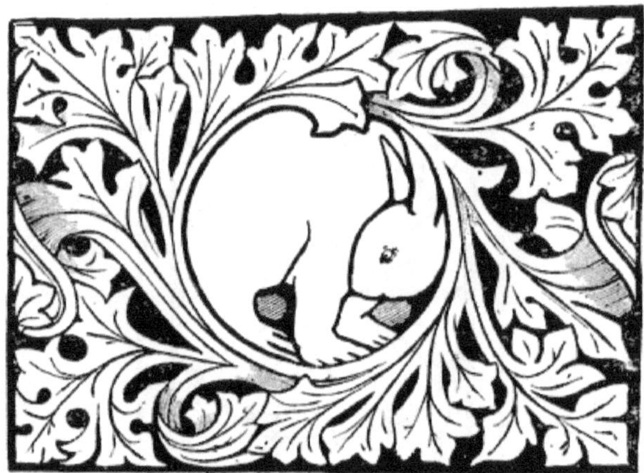

Abb. 32.

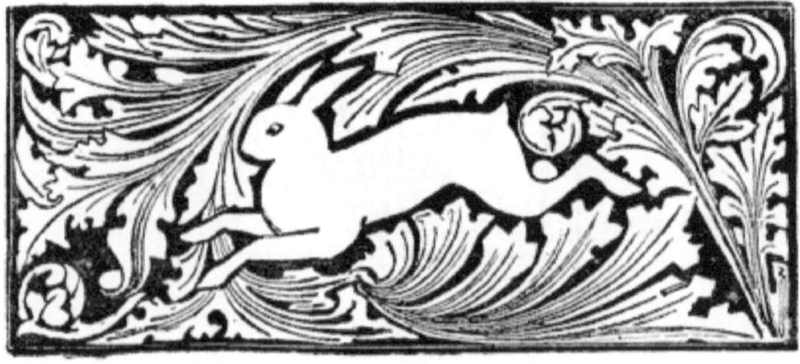

Abb. 33.

FLACHE MUSTER.

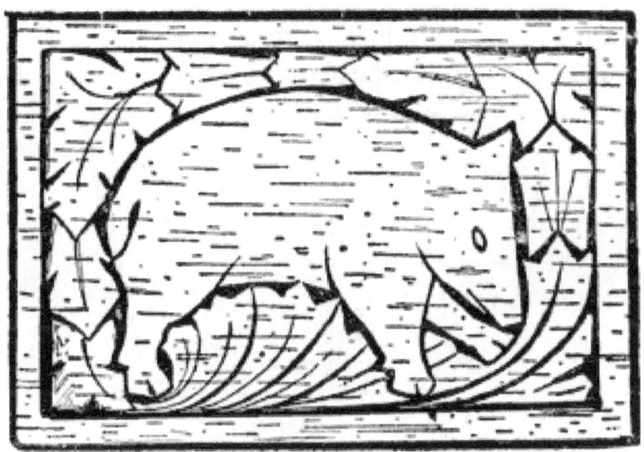

Abb. 34.

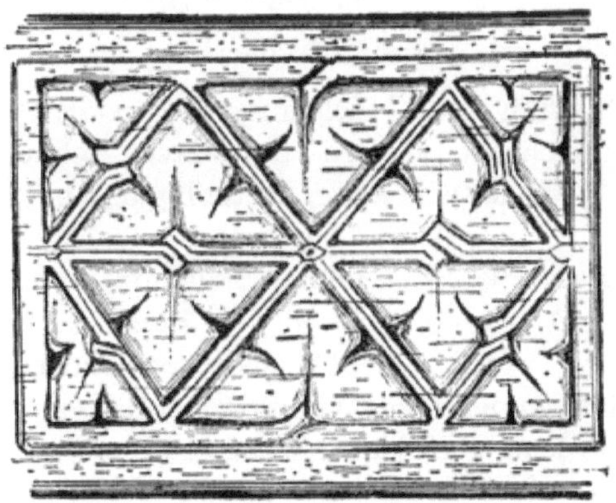

Abb. 35.

FLACHE MUSTER.

Beachten Sie in den Abbildungen. 31 bis 35 , dass sich alle Schnitzarbeiten auf das einfache Wegschneiden der durch den schwarzen Grund markierten Teile beschränken. Die feinen Linien können am besten mit einem Scheitel- oder V-Werkzeug und in vielen Fällen mit der kleinsten Hohlkehle oder Ader ausgeführt werden. Auch wenn dies nicht üblich ist, ist es eine ausgezeichnete Übung, wenn möglich, dies mit einem kleinen, *festeren Meißel* oder einem Schnitzmeißel zu tun .

Diese Cavo- Relief- oder *ausgeschnittenen flachen Muster sind für* jeden , der Letzteres gelernt hat, genauso einfach auszuführen wie die Hohlmeißelarbeit . Sie sind heute noch nicht besonders erforscht, können aber in großem Umfang in der dekorativen Kunst eingesetzt werden. Die Linien und Hohlräume sehen am besten aus, wenn sie bemalt oder gefärbt sind. Es ist der nächste Schritt über die Hohlmeißelarbeit hinaus, die das einfache Zeichnen von Linien im Entwurf darstellt und dem *Skizzieren entspricht* .

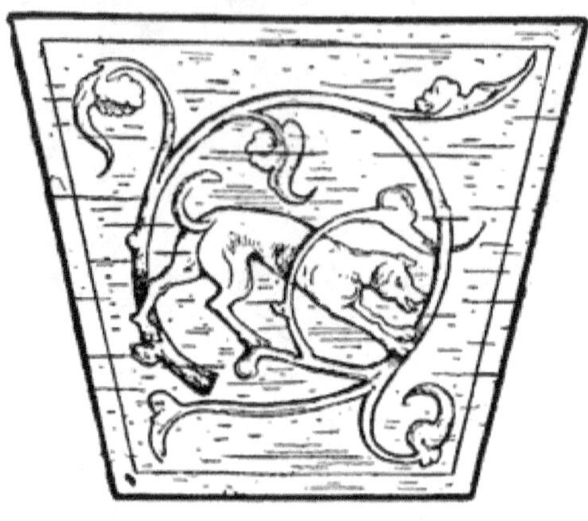

Abb. 36.

Kontur oder Rundung und Modellierung entsprechen natürlich Licht und Schatten, aber einfaches Hohleisen- und Cavo -Schneiden ist einfaches *Skizzieren* . Jedes Tier oder jede menschliche Figur, eine Vase, Blumen oder Ranken können auf diese Weise geschnitzt werden, die einzige weitere Bedingung ist, dass die Umrisse immer breit und kräftig sein müssen. Es sollte darauf geachtet werden, nicht zu viele Linien zu zeichnen, vor allem nicht die feinen, und auf jeden Fall Details zu vermeiden und das Design so einfach wie möglich zu gestalten. Wenn Sie bei der Skizze eines Tieres mit so wenigen Linien wie möglich klar angedeutet haben, was es sein soll, haben Sie genug getan, denn bei allen Skizzen gilt die goldene Regel, mit so wenig Arbeit wie möglich so viel Darstellung wie möglich zu geben. Abb. 36 .

Man kann beobachten, dass die vertraute und ausführliche Praxis der sehr einfachen Hohlkehl- und Rillenarbeit sowie des einfachen Flach- oder Kavo -Schneidens in Hohlräumen, wenn sie in *großem* Maßstab durchgeführt wird, wie zum Beispiel bei Wand- und Türmustern, dem Schüler weit bringt mehr Energie und Selbstvertrauen und eignet sich besser für das freihändige Schnitzen und den Sweep-Cut als die übliche Methode, bei der man sich am Anfang viel Zeit für das Abschlagen von aufwendigen Blättern und anderen kleinen Arbeiten nimmt. Deshalb wird es für den Schüler gut sein, sich in solchen einfachen Rillen- und Hohlarbeiten zu vervollkommnen. Dies war der erste Schritt in der mittelalterlichen Schnitzerei und der richtige für die

allgemeine Dekoration. Auf diese Weise unterrichteten die alten Schnitzer
Englands und ihre Meister, die Flamen, ihre Schüler.

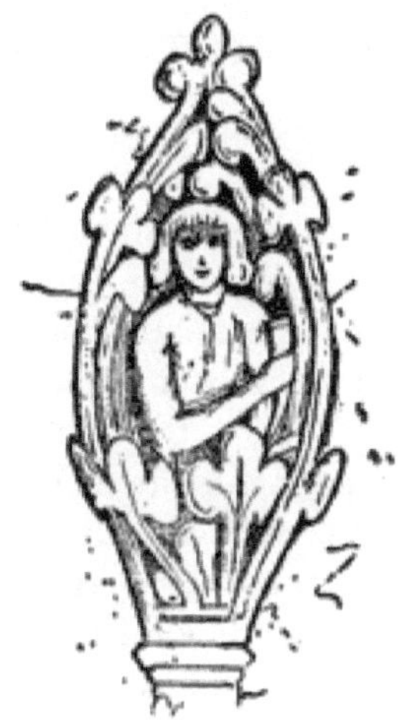

VIERTE LEKTION.

AUSSCHNEIDEN EINES FLACHBILDSCHIRMS MIT ERDUNG.

LASSEN SIE den Schüler eine Tafel nehmen und darauf ein Muster zeichnen, Abb. 37 *a* . Er soll dies durch sogenanntes Flachschnitzen und manchmal auch durch „Bandarbeiten" herausschneiden. Er beginnt mit *einem Umriss* , *der auf unterschiedliche Weise* erfolgen kann . I. Indem man eine kleine *Nut* oder Ader oder eine Hohlkehle mit einem Durchmesser von einem Zehntel Zoll nimmt und eine Rille rund um das Muster direkt außerhalb davon, aber genau in der Nähe davon schneidet. Wenn in Lektion II perfekt . das wird ihm sehr leicht fallen. II. Er kann dies auch mit einem V- oder einem Stechwerkzeug tun, aber für einen *ersten* Versuch ist die Hohlkehle besser. III. Das Ausschneiden der Umrisse kann dadurch erfolgen , dass man einen *festeren* oder Schnitzermeißel mit einer Breite von einem Drittel Zoll nimmt und ihn „auf und ab" nahe am Muster, aber nach außen geneigt, ansetzt und mit dem Hammer darauf klopft, damit er einsinkt es ein ganz kleines Stück in den Wald hinein. Schneiden Sie nicht „gerade nach oben und unten", sondern so, dass eine abfallende Böschung entsteht. IV. Es gibt noch einen anderen Weg, der schwieriger ist und seltener praktiziert wird , der jedoch, wenn er gemeistert wird, große Fähigkeiten im Schnitzen vermittelt. Nehmen Sie den festeren oder flachen Meißel und führen Sie ihn mit großer Vorsicht an der Kante entlang, nach außen geneigt, um die Linie genau zu schneiden. Mit dieser Methode lässt sich die gesamte Arbeit sehr gut skizzieren. Es wird in der ersten Unterrichtsstunde nicht unbedingt als notwendig erachtet, es ist jedoch ratsam, es früher oder später zu üben .

Abb. 37 *a* .

Wenn der Umriss fertig ist, lassen Sie den Schüler einen flachen Hohlhobel nehmen (sofern er die Linie mit einem kleinen Hohlhobel geschnitten hat) und das Holz sehr vorsichtig vom Boden abschneiden. Lassen Sie ihn zunächst sehr wenig auf einmal schneiden, denn sein Ziel ist es jetzt nicht, etwas zu zeigen, *sondern zu lernen, wie man mit seinen Werkzeugen umgeht* . Beenden Sie den Schnitt nicht in einem Teil auf einmal und lassen

Sie den Rest unberührt, sondern gehen Sie ihn nach und nach mehrmals durch, bis er nahezu perfekt ist. Lassen Sie jede Berührung erzählen. Entfernen Sie das Holz bei jedem Schnitt und hinterlassen Sie keine Kanten oder Splitter. Um dies gut zu machen, müssen Sie auch immer die Maserung des Holzes an der jeweiligen Stelle, an der Sie arbeiten, im Auge behalten und berücksichtigen; Es ist leicht zu erkennen, ob Sie in der gleichen Richtung wie die Faser oder quer zur Faser schneiden. Aber es ist etwas, das darüber hinausgeht und auf das man achten muss. Es ist ausnahmslos, dass sich jedes Holz, egal ob es mit der Faser oder teilweise quer zur Faser geschnitten wird, besser bearbeiten lässt, glatter ist und weniger dazu neigt, in die eine oder andere Richtung, d. h. beim Schneiden, zu splittern von rechts nach links oder umgekehrt von links nach rechts. Die erforderliche Richtung, in der am glattesten geschnitten wird, zeigt sich sofort am Verhalten des Holzes selbst und an der Qualität der Ergebnisse; Sollte das Werkstück oder die Oberfläche daher zum Splittern neigen, schneiden Sie es nach Möglichkeit aus der entgegengesetzten Richtung und drehen Sie das Werkstück auf der Werkbank um, falls dies für Sie erforderlich ist, d. h. wenn Sie das Werkzeug nicht verwenden können in jeder Hand. Achten Sie vor allem darauf, die Hände mechanisch arbeiten zu lassen. *Denken Sie* darüber nach, worum es Ihnen geht. Indem Sie lernen, sauber und flach zu schneiden, machen Sie den ersten Schritt zum „ *Sweep-Cut* ", der später folgt und sowohl Überlegung als auch Geschicklichkeit erfordert.

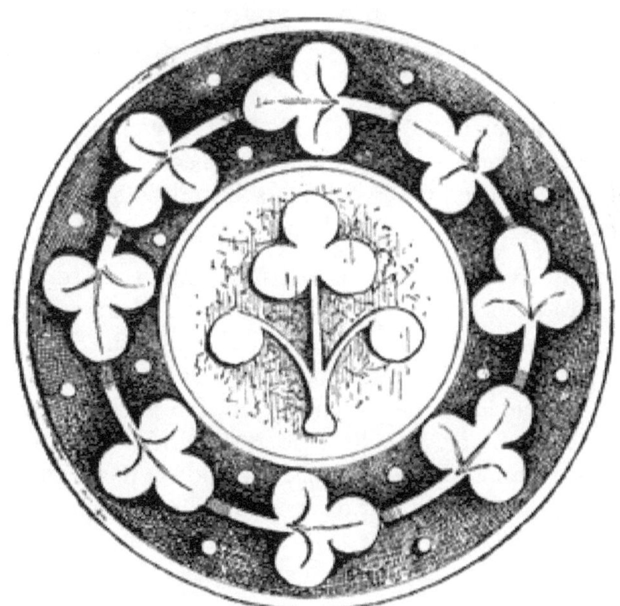

Abb. 37 *b* .

Wenn alles schön und sorgfältig ausgeschnitten ist, nehmen Sie einen besonders flachen Hohleisen und säubern Sie „den Boden" und entfernen Sie alle Unebenheiten. Nehmen Sie dann einen französischen Rundnagel oder ein Bodkin und füllen Sie mit dem Holzhammer den Boden mit kleinen Löchern, um eine raue Oberfläche zu erhalten. Oder Sie nutzen dafür einen der *Stempel* . Dies erfordert Sorgfalt, damit die Form des Stempels möglicherweise nicht erkennbar ist. Es empfiehlt sich, den Rand des Musters mit einem sehr scharfen kleinen Meißel und mit großer Sorgfalt abzuschneiden. Für diese Lektion ist es am besten, nicht mehr als einen Viertel Zoll wegzuschneiden, um den Boden zu formen.

Wenn die Umrisslinie mit einem Meißel und einem Holzhammer erstellt wird, gehen Sie vor dem Abschneiden des Bodens über die Umrisslinie und schneiden Sie sie in einem kleinen Abstand von der bereits geschnittenen Linie hin, um das Holz zu entfernen und eine V-förmige Rille zu bilden man gräbt mit einem Spaten.

Lehrer und Schüler werden gebeten, sich daran zu erinnern, dass das einzige Ziel dieser Lektion darin besteht, den Umgang mit den Werkzeugen zu erlernen. das heißt, sich mit ihnen vertraut zu machen und zu lernen, mit Geschick und Selbstvertrauen den Boden zu *bahnen* . Um dies zu erreichen, *sollte gelegentlich viel Übung an Altholzstücken durchgeführt werden* . Daher wird dringend empfohlen, dass kein Anfänger über die in dieser Lektion beschriebene Arbeit hinausgeht, bis er oder sie sie mit Genauigkeit und Leichtigkeit ausführen kann. Wenn dies erreicht ist, ist alles, was noch getan werden muss, einfach.

Der Grund, warum das „Abstecher"- oder V-Werkzeug *Anfängern* zum Skizzieren nicht besonders zu empfehlen ist, liegt darin, dass es von allen Werkzeugen im normalen Gebrauch am schwierigsten zu schärfen ist. Die kleine Hohlröhre erfüllt jeden Zweck für die anstehende Arbeit.

Um es noch einmal zusammenzufassen: Zuerst wird zwischen den Umrissen des Musters weggeschnitten: Wenn die Platte einen halben Zoll dick ist, sollte sie nicht tiefer als ein Viertel Zoll sein. Schneiden Sie das Ganze zunächst ganz leicht ab und gehen Sie dann immer wieder darüber. Graben oder schneiden Sie nicht den ganzen Zentimeter an einer Stelle auf einmal aus und lassen Sie den Rest noch unberührt. Wenn Sie dies tun, werden Sie an manchen Stellen zu tief schneiden. Wenn die harte Arbeit effektiv ausgeführt wird und fast das gesamte Holz grob abgeschnitten ist, spricht man von „ *Bosted* " oder „Skizze", ein Wort, das vermutlich vom französischen „ *ébauché* " oder dem italienischen „*abozzo*" *abgeleitet ist* und dasselbe bedeutet.

Nach dem Ausschneiden von Abb. 37 *a kann der Schüler zu* 37 *b* übergehen , was lediglich eine Verstärkung derselben darstellt.

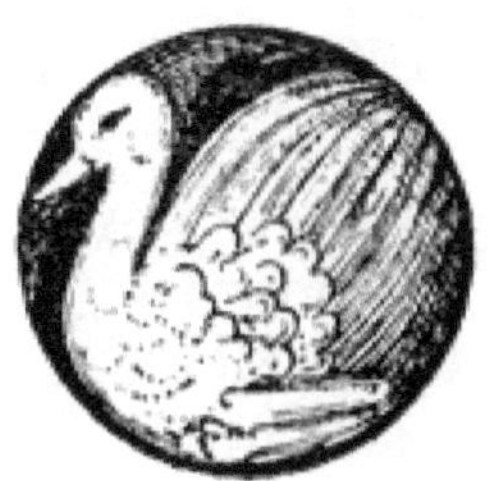

FÜNFTE LEKTION.

EINFACHE BLÄTTER SCHNEIDEN – MIT DER LINKEN HAND
SCHNITZEN – MODELLIEREN ODER ABRUNDEN –
SCHATTIERTE MUSTER UND MODELLIEREN – FORTSCHRITT
ZUM RELIEF.

ES wird für den Schüler von großem Vorteil sein, sobald er sicher und richtig mit der Hohlmeissel oder dem Meißel schneiden kann, sowohl mit der *linken* als auch mit der rechten Hand zu üben . Je jünger er ist, desto leichter fällt es ihm, sich diese Gewohnheit anzueignen. Ein Schnitzwerkzeug wird von beiden Seiten geschärft, da die so hergestellte Schneide es dem Künstler ermöglicht, aus vielen Positionen zu schneiden, ohne das Holz zu drehen, und wenn er beide Hände benutzen kann , hat er den gleichen Vorteil in größerem Maße. Versuchen Sie daher, die Werkzeuge perfekt zu beherrschen, um mit beiden Händen und in viele Richtungen und auf viele Arten zu schneiden. Achten Sie jedoch immer darauf, dass Sie die Spitze nicht auf sich selbst richten, damit Sie nicht unachtsam werden Ausrutschen sollte eine Wunde erzeugen. Wenn Sie mit Zuversicht *schneiden* können und sich unter keinen Umständen darauf verlassen, Holz zu spalten, zu graben, aufzustemmen, zu „zappeln" oder mit dem Hohleisen zu schaukeln, können Sie im Voraus sagen, was Sie tun werden. Um diese Fähigkeit zu erlangen, müssen Sie häufig das Schneiden von Altholz üben und dürfen nicht Ihre ganze Zeit mit perfekt fertigen Arbeiten verbringen.

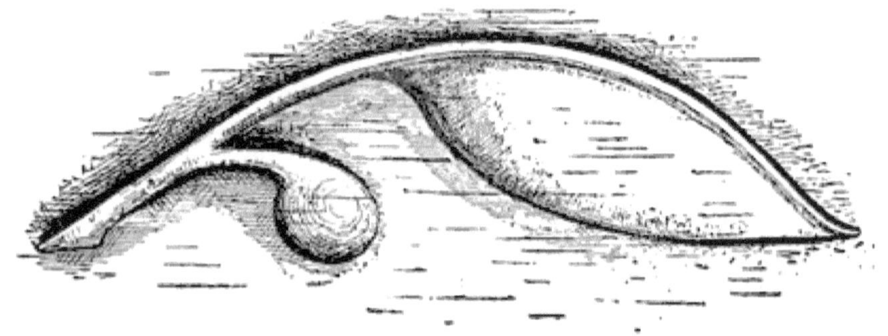

Abb. 38.

Der Schüler wurde in Lektion IV unterrichtet . wie man den Boden aus einer flachen Platte ausschneidet und das Muster im Relief hinterlässt. Sehr schöne Muster können mit sehr wenig Nacharbeit ausgeführt werden; und ein großer Teil der schönen altgotischen Holzschnitzereien beruhte für ihre Wirkung weit mehr auf Umrissen als auf Modellierungen. Unter Modellieren versteht man das Abrunden oder Formen eines Musters, um ihm eine Form zu geben. Heutzutage bilden *Blätter* in der einen oder anderen Form, mehr oder weniger natürlich, einen großen Teil aller dekorativen Designs. Wenn sie vom ursprünglichen Typus vereinfacht und lediglich dekorativ gestaltet werden, dabei aber dennoch so viel von der ursprünglichen Form beibehalten, dass wir deutlich erkennen können, um welchen Typus es sich handelte, nennt man sie „konventionalisiert". Daher ist es sehr wichtig, dass der Holzschnitzer weiß, wie man Blätter gut schnitzt. Er hat bereits gelernt, wie man mit einem Hohleisen die einfachen Umrisse oder Rillen eines oder mehrerer Elemente anfertigt und wie man das sie umgebende Holz entfernt. Er kann nun einen Schritt weiter gehen und mit großer Sorgfalt das Grundmuster ausschneiden, Abb. 38 . Verwenden Sie einen flachen Hohleisen, um die Oberfläche schrittweise abzurunden und einzuritzen, beginnend an der Außen- oder Unterkante und dann bis zum Stiel. Auch dies wird der Schüler noch einmal tun, und zwar mit viel größerer Sicherheit und Leichtigkeit, wenn er zunächst mit Bleistift eine schattierte Kopie eines Blattes anfertigt, es dann in Ton modelliert und dann in Holz kopiert. Die so aufgewendete Zeit wird am Ende durch die erworbene Geschicklichkeit und Augenschulung um ein Vielfaches gewonnen.

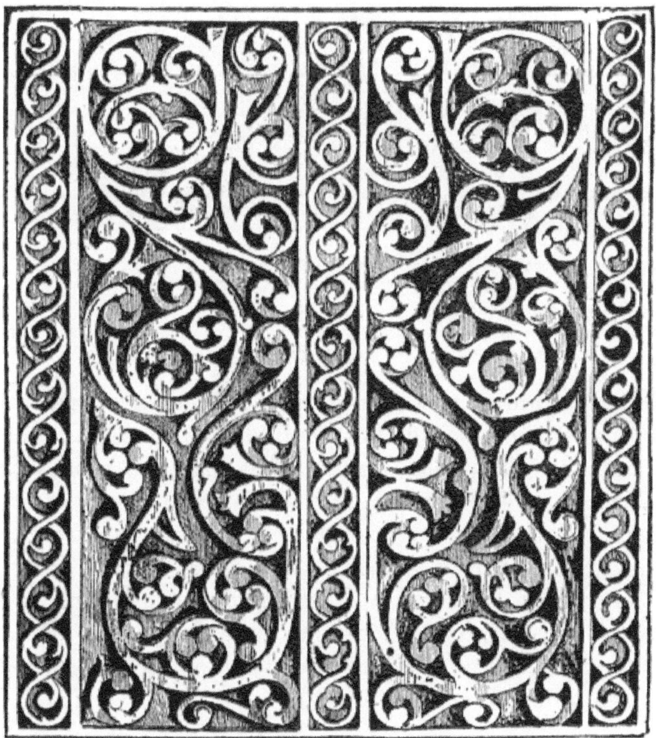

TAFEL IM FLACHRELIEF

Der erste Schritt beim Abrunden eines Blattes erfolgt einfach durch „Verschwendung" oder nach und nach Absplittern durch einfaches Schneiden. Dies gilt auch für Konvexitäten und Vertiefungen. Solche Rundungen und Wellen werden von erfahrenen Künstlern mit sehr wenigen Werkzeugen durchgeführt, darunter Hohleisen, Schrägmeißel, Raspeln, Feilen und der doppelt gebogene Hohleisen.

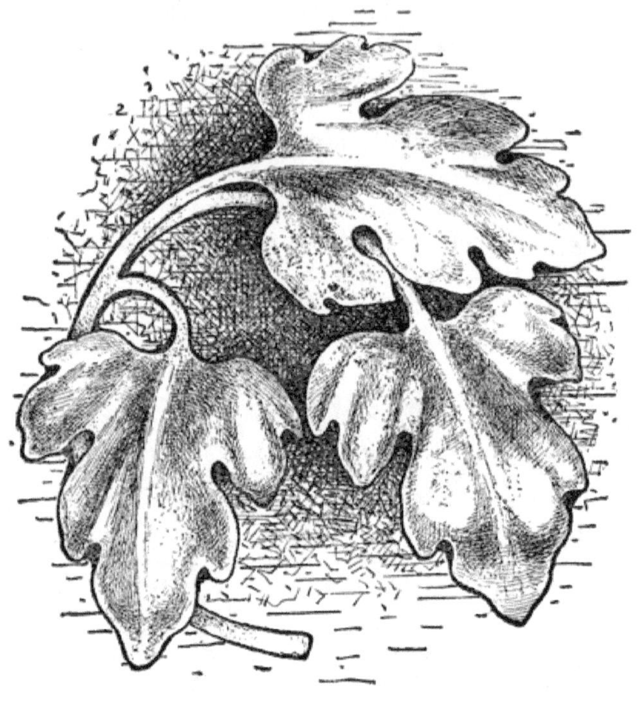

Abb. 39.

Der Schüler kann am Anfang seine Blätter mit jedem geeigneten Werkzeug runden und schaufeln, wenn er nur mit äußerster Vorsicht schneidet und die Werkzeuge gut geschärft hält. Ein sehr wichtiger und ziemlich schwieriger Teil dieser Arbeit ist das Schneiden der Rippen oder Stängel, die durch das Blatt verlaufen. Ein Werkzeug für diesen Zweck ist das sogenannte „Makkaroni-Werkzeug", aber derzeit wird es aufgrund der großen Schwierigkeit, es scharf zu halten, und seiner Bruchgefahr nur sehr selten verwendet. Nahezu alle Äderungen können je nach den Umständen mit dem Fluter oder dem großen Ader, der Hohlröhre, dem V-Werkzeug oder der Flachröhre ausgeführt werden.

„Das Holz", wie Eleanor Rowe bemerkt, „sollte in kurzen, scharfen Berührungen abgetragen werden und nicht durch tiefe und lange Schnitte, und es sollte kein Versuch unternommen werden, eine glatte Oberfläche zu erhalten, bis die Form und allgemeine Modellierung des Blattes vorliegt."

Erledigt." Der Rand des Blattes kann zur Erleichterung etwas unterschnitten sein; Dieser Effekt sollte durch ein V-Werkzeug oder einen kleinen Ader erzielt werden. Wenn das Blatt die richtige Form hat, fahren Sie mit flachen Hohleisen fort, um die Werkzeugspuren zu entfernen. Halten Sie dabei das Werkzeug sehr fest und neigen Sie es in einem Winkel von etwa 45°.

Für den Anfänger ist es ratsam, mehrere einfache Blätter mit großer Sorgfalt auszuschneiden, Abb. 39 , und sie, wenn möglich, alle in Ton zeichnen, schattieren und modellieren zu lassen, bevor er sie schnitzt. Er wird erstaunt sein, wie viel einfacher der letztere Prozess ist und mit welcher Sicherheit er durchgeführt werden kann, nachdem die beiden ersteren durchgeführt wurden. Da ich mehrere Jahre lang große Kurse in Holzschnitzerei mit und ohne Tonmodellierung unter meiner Leitung hatte, spreche ich aus Erfahrung zu diesem Thema.

Es ist zu beachten, dass derjenige, der sie gut entwerfen, modellieren und schnitzen kann, keine Schwierigkeiten damit haben wird, Vögel, Tiere oder das menschliche Gesicht oder die menschliche Figur darzustellen, da Blätter und Zweige alle möglichen Kurven aufweisen. In ihrer einfachsten Form oder in flacher Ausführung sind sie alle äußerst einfach. Dann können sie ein wenig abgerundet oder modelliert werden, und so kann der Schnitzer Schritt für Schritt zur vollständigen Entlastung gelangen. Eichenblätter sind vielleicht die anmutigsten aller Objekte und eignen sich für ebenso viele Formen wie die Akanthuspflanze, aber in ihrer fortgeschritteneren Entwicklung sind sie auch sehr schwierig. Daher bilden sie ein bewundernswertes Studienfach.

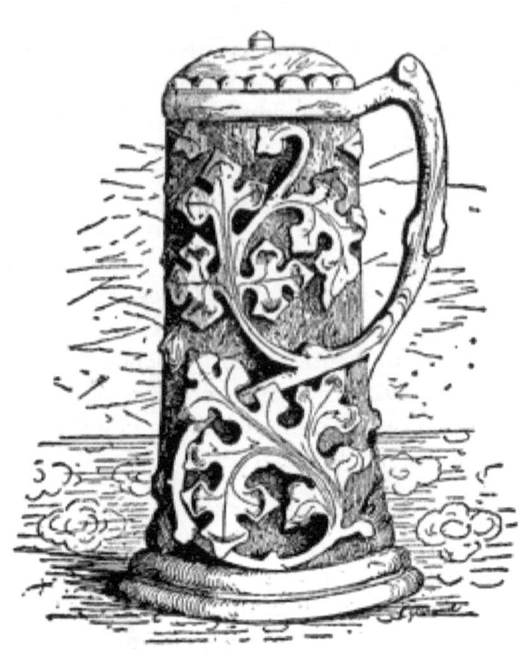

Sechste Lektion.

SCHNEIDEN MIT DER MASSERUNG – DREHEN DES WERKZEUGS – DES BOHRERS – KÜHNIGE SCHNITZEREI – UND GROSSE ARBEIT.

BEI großen als auch bei kleinen Schnitzarbeiten gibt es eine gemeinsame Schwierigkeit: den häufigen Widerstand der Holzmaserung und die damit verbundenen Mängel. Diese Frage wurde bereits in der vierten Lektion angesprochen , wo dem Schüler gesagt wurde, dass er das Holz normalerweise leichter von der einen Seite zur anderen schneiden wird. Hinzu kommt, dass er, je weiter er voranschreitet und höhere Reliefs schnitzt , nicht nur das Gleiche bei der Bearbeitung von Blättern und anderen Verzierungen vorfinden wird, sondern dass er auch feststellen wird, dass einige Teile darüber immer besser, glatter und ohne geschnitten werden Splittern, wenn das Werkzeug nach unten schneidet, das heißt von der Oberfläche zum Hintergrund, aber auch an anderen und ganz angrenzenden Teilen, wenn das Werkzeug in umgekehrter Richtung oder nach oben geschnitten wird. Als erste Regel gilt daher: Sobald Sie auch nur die geringsten Anzeichen von Splittern bemerken, versuchen Sie den Schnitt aus der entgegengesetzten Richtung, um sie zu entfernen, dann sollte es aufhören.

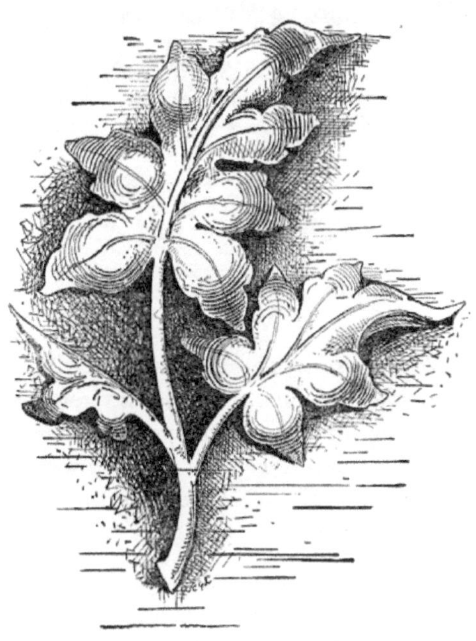

Wenn außerdem die Kante der Hohlkehle oder des Fräsers in bestimmte Richtungen *entgegen* der Maserung des Holzes schneidet, wird sie „hängenbleiben", reißen oder splittern. Als weitere Vorsichtsmaßnahme dagegen kann der Schnitzer die Position des Holzes verschieben, indem er es abschraubt, wenn es mit einer Zwinge oder einem Halteelement festgehalten wird. Dies gelingt leichter , wenn er nach französischer Art nur drei oder vier Nägel in den Tisch eingeschlagen hat. In diesem Fall braucht er sein Werk nur aufzuheben und in eine andere Position zu bringen; oder er kann seine eigene Position ändern. Aber am besten ist es, mit beiden Händen schnitzen zu können, eine Fähigkeit, die schließlich nicht schwer zu erlernen ist und mit etwas Übung sehr schnell gelingt; und die Kunst zu beherrschen, *das Werkzeug zu drehen und in jeder Position zu schneiden* , was auch mit Übung in unglaublichem Maße einhergeht. Wer das kann, schafft es in den meisten Fällen, mit der Faserrichtung zu schneiden, ohne den Block zu verschieben.

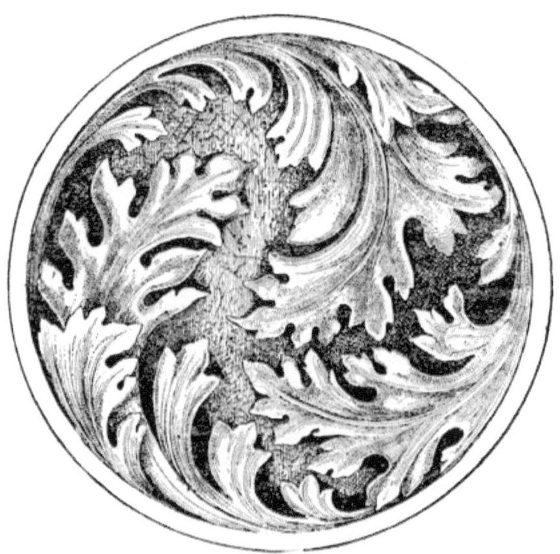

Abb. 41.

Holz sollte *niemals* zerrissen oder zerrissen werden; Alles sollte durch sauberes, glattes Schneiden erfolgen. Um dies zu gewährleisten, müssen Sie zunächst jedes Werkzeug immer scharf wie ein Rasiermesser halten und immer mit der Faser schneiden. Diagonal oder teilweise quer zu schneiden ist immer noch ein Schnitt mit der Faserrichtung und ist einfacher und sicherer als parallel dazu.

Markieren Sie das Muster, Abb. 40 oder 41 und skizzieren Sie es. Die griechischen und römischen Handwerker, und sehr oft auch die späteren, aber frühen Zeiten, bohrten mit einem Bohrer, einem Bohrer oder einem

Zentrierbohrer hier und da Löcher, sowohl in Holzschnitzereien als auch in Stein, und arbeiteten bis zu oder um diese herum. Sie bildeten sozusagen Anfänge zur Führung des Hohleisens oder Meissels. Diese waren oft überall dort von großem praktischen Nutzen, wo ein kleiner runder Hohlraum vorhanden war, aber ihr Hauptzweck bei Holz bestand darin, das Werkzeug an bestimmten Stellen zu unterstützen und zu lenken, wo es Schwierigkeiten mit der Maserung zu bewältigen gab oder scharfe Spitzen oder Ecken von Ornamenten vorhanden sein könnten abgebrochen. Früher war ich verwirrt darüber, warum der Bohrer in der antiken Schnitzerei so viel häufiger verwendet wurde als in der modernen, aber eine Überlegung überzeugte mich, dass dekorative Arbeiten, die schnell oder billig erledigt werden mussten und ein wenig Grobheit in der Ausführung nicht von Bedeutung war, eine sehr große Herausforderung darstellten große Hilfe.

Im Muster, Abb. 38 , ist das Blatt leicht zu schneiden; das heißt, ein einziges Blatt. Es noch einmal zu schneiden oder zu wiederholen bedeutet nur, dass man die gleiche Arbeit noch einmal macht; Wenn jedoch dasselbe Blatt oder ein anderes, nicht ein bisschen schwierigeres, fünfundzwanzig oder dreißig Mal in einem Kranz wiederholt wird, wird es als eine sehr schwierige Arbeit erscheinen. Nun ist es wichtig zu verstehen, dass man, wenn man ein sehr kleines, einfaches Stück Holzschnitzerei wirklich gut machen kann, auch durch bloße Geduld und Wiederholung ein Werk ausführen kann, das sehr bemerkenswert erscheint, oder ganz außerhalb deiner Macht. Die Illustration zu dieser Lektion, Abb. 40 , zeigt, was ich meine. Fast jeder mit Sorgfalt könnte ein Blatt ausschneiden, und wer eines getan hat, kann es in jeder anderen Anordnung *wiederholen* . Heutzutage wird ein großer Teil aller dekorativen Muster in Flach- oder Bandarbeit und sogar in höheren Reliefs nach diesem Wiederholungsprinzip oder aus sogenannten „Lappen" geformt, so dass jeder, der auch nur ein wenig sauber schnitzen kann, es schaffen kann fast von Anfang an zuversichtlich, auch wertvolle Arbeiten ausführen zu können.

Eine solche Platte wie Abb. 41 kann, wenn sie einmal geschnitzt ist, als Deckel oder Seiten einer Schachtel, als Einband eines Albums oder für jeden Gegenstand mit einer glatten, flachen Oberfläche dienen. Aber ich kann diese Aufforderung nicht oft genug wiederholen: Üben Sie ständig das Schneiden von Altholz, um handwerkliche Geschicklichkeit zu erlangen, bevor Sie irgendetwas versuchen, das gezeigt oder verkauft werden soll . Es ist leider wahr, dass es, sich selbst überlassen, keinen von tausend Schülern gibt, der nicht seine ganze Zeit oder Arbeit darauf verwenden würde, schon beim ersten Schneiden Prunkstücke zu produzieren, anstatt zu üben, um zu lernen, wie man es macht produzieren sie.

Wenn Schüler Lehrer haben, die praktisch und fachmännisch sind, ist es wahrscheinlich, dass sie, sobald sie mit den Werkzeugen umgehen können,

sich an eine *mutige, große Arbeit machen werden* . Das ist für sie ein Glücksfall,
denn es ist der größte Vorteil, den man haben kann, sei es im Design, im
Modellieren, in der Holzschnitzerei oder in einer anderen Kunst dieser Art,
mit freihändiger, großer und kräftiger Ausführung vertraut gemacht zu
werden.

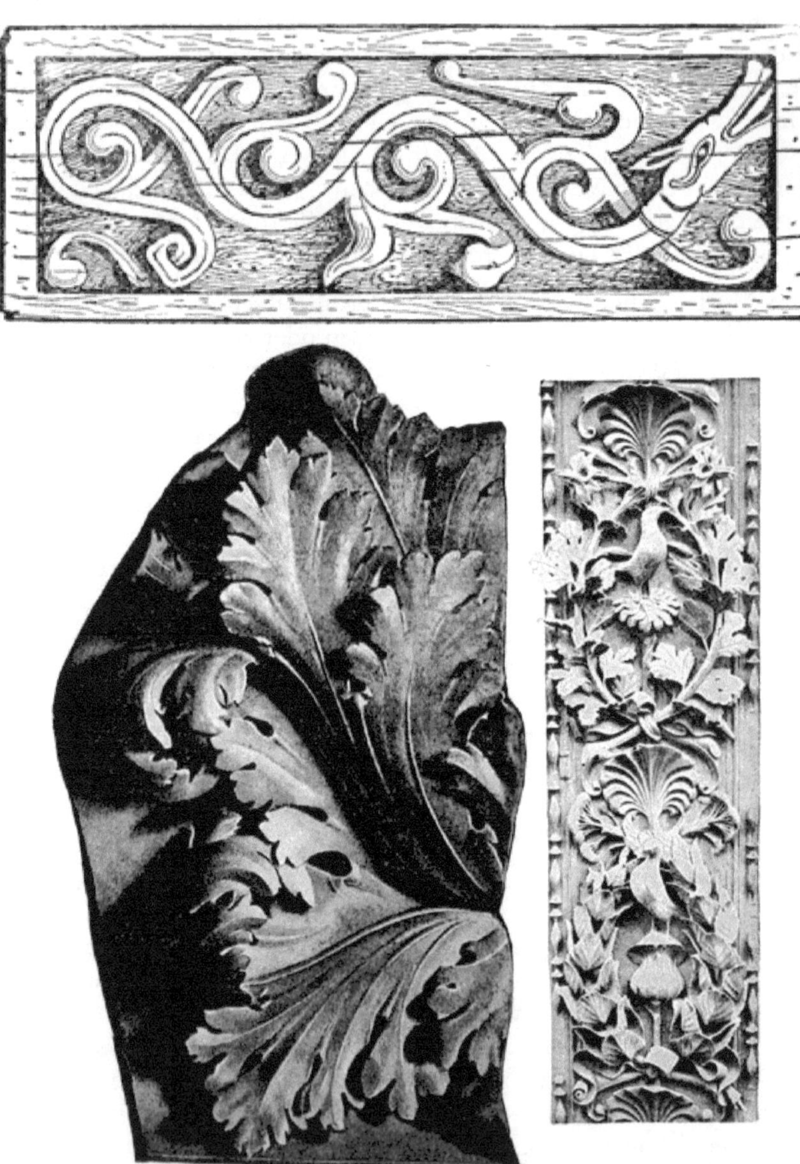

HOCHGRADIG ABGESCHLOSSENE STUDIEN ÜBER LAUB. *S. 48*

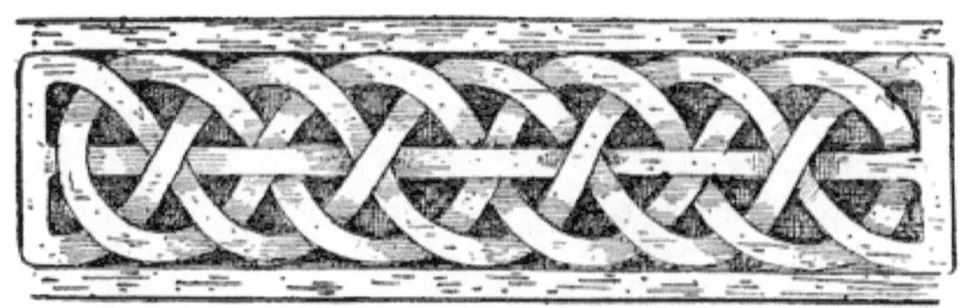

SIEBTE LEKTION.

DER SCHWUNGSCHNITT ODER DAS FREIHANDSCHNITZEN – KERBEN IN BLÄTTER SCHNEIDEN – DER RUNDSCHNITT.

KÜHNHEIT beim Schneiden ist von größter Bedeutung, da niemand wirklich gut schnitzen kann, bis er über das Absplittern oder „Verschwenden" hinauskommt. Um kühn zu schnitzen, müssen wir den Sweep-Cut verwenden. Man kann beobachten, dass es beim Modellieren in Ton bestimmte Methoden zur Formung des Materials gibt, die ganz eigenartig sind; wie zum Beispiel, wenn wir das Modellierwerkzeug nach unten oder oben drücken und es gleichzeitig nach links oder rechts drehen. Dadurch entsteht eine Neigung nach oben oder eine Senke nach unten, die jedoch nach der einen oder anderen Seite abfällt. Es besteht aus zwei Bewegungen in einem; Wenn wir also mit einem Schwert oder einem langen Messer schneiden und gleichzeitig die Klinge *ziehen*, entsteht ein viel tieferer Schnitt. Man nennt dies den Zugschnitt, und damit kann ein Mann ein Schaf in zwei Teile schneiden oder ein in die Luft geworfenes Taschentuch oder einen Spitzenschleier durchtrennen.

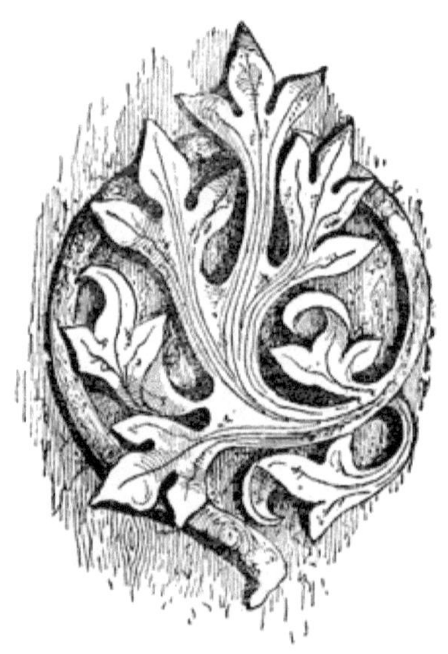

Abb. 42.

Sehr ähnlich ist die doppelte Bewegung der Hand beim *Schwungschnitt*, die sich jeder aneignen muss, der lernen möchte, Blätter gut zu schnitzen. Es ist nicht ganz richtig, dass alle Arbeiten die drei Phasen Ausblocken, Ausfräsen und Fertigstellen durchlaufen müssen; denn wenn Blätter mit dem Sweep-Cut geschnitzt werden, werden sie im Allgemeinen in einem Arbeitsgang fertiggestellt. Bei diesem Schnitt, der normalerweise mit einer flachen Hohlkehle ausgeführt wird, wird das Holz durch eine einzige, aber zusammengesetzte Bewegung entfernt, um eine besondere Form oder Kurve zu erhalten – wie wenn ein Blatt nach unten und zur Seite geneigt ist; Das heißt, wir müssen die Kante beim Drücken gleichzeitig bewegen oder ihr eine leichte seitliche Bewegung geben. Dieser Schwung oder Seitenschnitt ist bei schrägen, größeren und besonders abgerundeten Flächen stärker ausgeprägt, wie bei ganzen Blättern, die sich heben und senken oder wellenförmig sind, Abb. 41 , 42 . Dieser Schnitt, mit dem man selbst das sprödeste und schwierigste Holz sicher schnitzen kann, erfordert ein Werkzeug von sehr guter Qualität, das äußerst scharf gehalten werden muss. Es muss an Altholz geübt werden, bis der Schüler es beherrscht, aber wenn es erst einmal erlernt ist, kann man sagen, dass das Holzschnitzen, was alle großen und effektiven Arbeiten betrifft, wirklich keine weiteren Schwierigkeiten mehr hat. Bei manchen scheint es ganz auf einmal zu kommen, durch Inspiration.

Die einfachste oder erste Form des Kehrschnitts kommt bei der Herstellung von Blättern vor. Jeder , der dies versucht hat, weiß, dass das Schneiden der Kerben oder das Anbringen von Lappen im Holz, insbesondere aber das Formen der Spitzen, eine schwierige Angelegenheit ist, denn wenn wir einfach die Kante des Fräsers schieben oder drücken, wie bei normalen oder *Hobelarbeiten* , wird das Blatt wahrscheinlich brechen, insbesondere wenn das Holz „spaltig", uneben oder spröde ist. Nachdem wir einen Kreis gezeichnet haben, der die Lappen des Blattes einschließt, schneiden wir eine Kerbe auf halbem Weg zwischen den vorgeschlagenen Punkten und bringen das Blatt oder seine Lappen durch Rasieren zuerst auf der einen und dann auf der anderen Seite in Form, Abb. 43 . Natürlich schneiden wir dabei *von* der Spitze bis in die Ecken.

Für den Augenblick wird es genügen, es in seiner einfachsten und leichtesten Form auf das Schneiden von Blattgruppen anzuwenden. In der vorherigen Lektion wurde dem Schüler erklärt, wie man ein einzelnes Blatt als Relief ausschneidet, indem man das Holz einfach nach und nach mit einem flachen Hohleisen „verschwendet" oder abschneidet. Auf ähnliche Weise könnte es gefeilt, geraspelt oder wie Metall in Form geschabt werden. Lassen Sie den Schüler nun Abb. 43 skizzieren und basteln Sie ihn dann aus, indem Sie ihn wie bereits beschrieben rundschneiden und wegräumen.

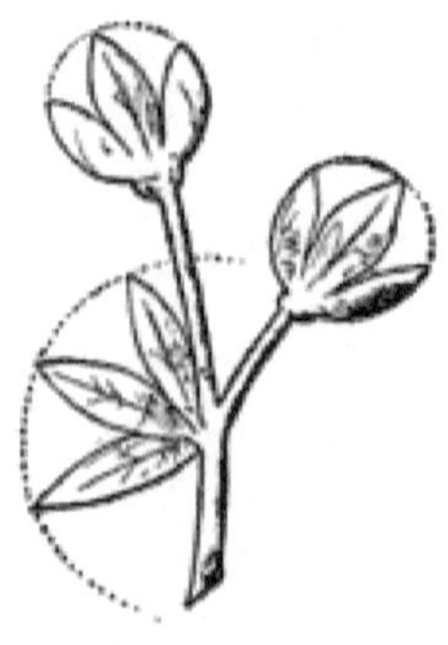

Abb. 43.

Die gestrichelten Linien zeigen die ursprüngliche Form oder Kreise an, in denen die Blätter geschnitten wurden. Wenn „alles fertig ist bis auf die Endbearbeitung" oder geglättet ist , schneiden Sie die Kerben auf die bereits beschriebene Weise nach hinten. Und wie ich bereits sagte: Wenn der Schüler das Fegenschneiden geübt hat und sein flaches Hohleisen perfekt scharf hält, kann er die feinsten Kerben in die kleinsten Blätter des spaltigsten Holzes schneiden, ohne auch nur ein einziges Stück abzubrechen.

Der Sweep-Cut gibt vollkommenes Selbstvertrauen, und wer ihn erworben hat und weiß, wie man ihn anwendet, um jede Kurve, jeden Vorsprung oder jede Involution zu erzeugen, die ihm gefällt, kann sagen, dass er vom Amateurstadium auf das des Künstlers übergegangen ist , oder zumindest des klugen Arbeiters. Damit kann man selbst das feuerfesteste Holz in jede beliebige Form modellieren, und für jeden , der sich darin auskennt, ist Eiche genauso leicht zu schnitzen wie Kiefer. Deshalb sollte der Schüler keine Mühe scheuen, es zu erwerben; und es wird vielleicht früher kommen, als er erwartet, wenn er sich erstens alle Mühe gibt, zu verstehen, was es wirklich ist, und es zweitens ein paar Stunden lang an Altholz übt . Es gibt jedoch viele Schnitzer, die Monate oder Jahre damit verbringen, Holz durch einfaches gerades Schneiden oder Hacken zu „verschwenden", bevor sie überhaupt eine Vorstellung davon bekommen, was ein Kehrschnitt ist – wenn sie ihn überhaupt jemals lernen. Wenn der Schüler jedoch zuvor Fertigkeiten erworben hat, d. h. Leichtigkeit und Selbstvertrauen beim Führen von Hohlmeißellinien und beim Hohlschneiden sowie beim Formen einfacher Blätter durch gerades Schneiden, wird er ohne Zweifel feststellen, dass der Freihand-Kehrschnitt wie durch Inspiration entsteht.

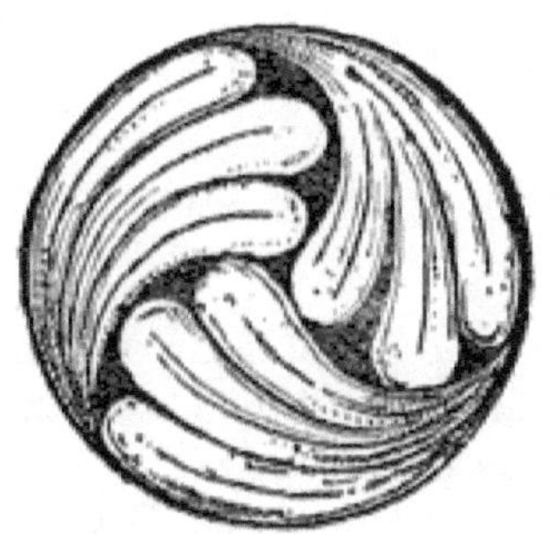

ACHTE LEKTION.

WEITERE ANWENDUNG DES SWEEP-CUT AUF HÖHERES RELIEF.

WENN sich ein Blatt in seinem gewöhnlichen natürlichen Zustand befindet, ist es im Allgemeinen flach, aber während es wächst oder verblasst, kräuselt und verdreht es sich oft zu bemerkenswerten und anmutigen Formen, die häufig zur Dekoration verwendet werden. Bevor ich fortfahre, möchte ich dem intelligenten Studenten klar machen, dass die bloße wörtliche Nachahmung irgendeiner Art von Blatt, so dass es genau wie ein *echtes* Blatt aussehen würde, wenn es nur gefärbt wäre , selten oder nie in den Bereich der Holzschnitzerei gelangen sollte als allgemeine dekorative Kunst.

Was der Schüler beim Kopieren von Blättern und Blüten usw. oder beim Modellieren für das Schnitzen tun sollte, ist, ihre charakteristische Form und Kontur zu beobachten, all ihren anmutigen Linien und Biegungen, Vertiefungen und Schwellungen zu folgen und dem Gesamtbild Ausdruck und Geist zu verleihen davon, ohne *zu* genau zu versuchen, ein bloßes Blatt zu machen. Er sollte es nicht so dünn machen, dass es bei einem leichten Schlag zerbrechen würde. Viele der am meisten bewunderten Arbeiten der Gegenwart sind von dieser Art, die es kaum verträgt, den Staub zu entfernen. Ein Blatt kann immer so geschnitten sein, wie wir es in klassischen und antiken Werken sehen, und zwar so solide und fest, dass es der Abnutzung über Jahrhunderte hinweg standhält. Da von niemandem erwartet wird, dass es ein echtes Blatt ist, wenn es fühlbar aus Holz oder Stein geschnitten ist, können wir es genauso gut konventionalisieren (das heißt, nur eine allgemeine Ähnlichkeit mit einem Blatt beibehalten) und es durch Anmut und Anmut attraktiv machen gekonnte Kombination. Und dies kann erreicht werden, wenn wir das Blatt nur in seiner *allgemeinen Form* ausschneiden und ihm eine stabile Unterlage zum Aufliegen lassen, so dass es sicher abgestaubt oder daran gerieben werden kann. Der Schüler sollte versuchen, dies zu verstehen, denn es wird ihn in die Lage versetzen, alle bei dekorativen Arbeiten erforderlichen Effekte zu erzielen, und ihm viel unnötige Kleinarbeit ersparen .

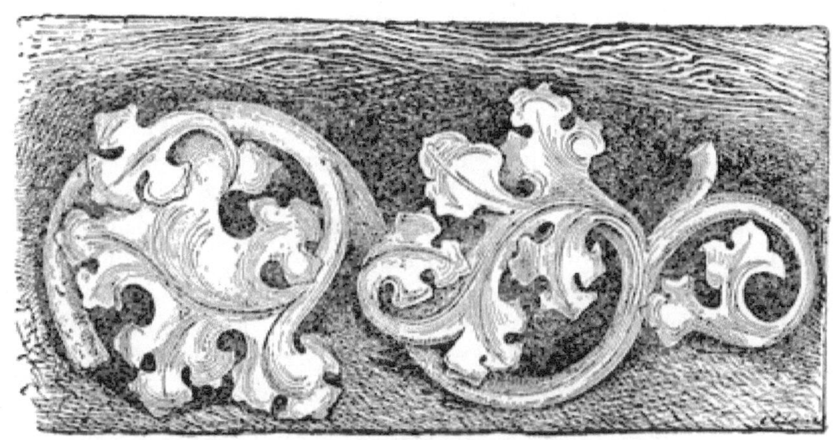

Abb. 44.

Wenn der Schüler den Kehrschnitt geübt hat und sicher mit beiden Händen in jede Richtung arbeiten kann, kann er sich nun an Eichenblättern versuchen, in denen es verschiedene Neigungen, Hohlräume und Schwellungen gibt, Abb. 44 und 45 . Dies scheinen die Lieblingsmotive der alten Modellbauer und Schnitzer gewesen zu sein . Der vielleicht beste Entwurf dieser Art stammt von Adam Kraft in Nürnberg. Ich wiederhole hier: Je schwieriger und abwechslungsreicher ein Blatt ist, desto größer ist die Notwendigkeit für den Schüler, es in Ton zu modellieren oder es zumindest sorgfältig zu zeichnen und zu schattieren, bevor er beginnt. Der Grund dafür ist, dass es viel einfacher ist, sie beim Schneiden in Holz zu reproduzieren, da die Hauptpunkte im Gedächtnis gespeichert sind; Wir wissen dann, wann und wohin wir die Hand oder das Werkzeug drehen müssen. Und es ist gut zu bedenken, dass das praktische und notwendigerweise genaue, wenn auch oft hastige Skizzieren und Schattieren des Workshops dem Schüler sehr schnell anwächst, so dass er, wenn er dazu getrieben wird, lernt, solche Zeichnungen schneller und energischer auszuführen als er es in einer Schule oder Klasse tun würde.

Bei der Ausführung des Kehrschnitts ist es notwendig, *die Biegung oder Bewegung zu erzielen* , die das Hohleisen in die richtige Richtung lenkt. Beim normalen Schneiden schieben wir die Klinge nur nach vorne; Beim Sweep-Cut gibt es sowohl ein „Ziehen" oder eine Seitwärtsbewegung als auch einen Stoß. Aber die *Biegung* oder Richtung stellt sozusagen eine dritte Bewegung dar, und diese ist am schwierigsten zu bestimmen. Um eine bestimmte symmetrische Kurve oder Kurve zu erhalten, schneiden wir , *ohne etwas zu sehen* , während wir beim gewöhnlichen Schneiden oder „Verschwenden" klar erkennen, was wir abschneiden werden, und es mit Zuversicht wegnehmen. Aber mit ein wenig Übung an Altholz wird man sich den Kehr- oder Ziehschnitt so vertraut machen, dass man die schwierigsten Kurven nicht durch Abholzen, sondern durch einen kräftigen Schwung ausführen kann. Amateure, die es sich selbst beigebracht haben, können in der Regel nur gerade Schnitte schneiden oder schnitzen ; Sie können ein Blatt nicht mit einem Schwung drehen oder krümmen. Die kombinierte Bewegung, die dem Werkzeug bei der Ausführung des Kehrschnitts verliehen wird, kann auf diese Weise analysiert werden, und wenn die drei unterschiedlichen Kräfte, die auf das Werkzeug wirken, zuerst verstanden und dann bei der Ausführung solcher Schnitte berücksichtigt werden, wird der Erfolg bald und leicht eintreten. Nehmen wir an, wir beschäftigen uns mit der Oberfläche eines Blattes, das im Allgemeinen nach unten und zur Seite hin abfällt, aber irgendwo im Verlauf des Abhangs auch eine Erhebung oder einen Hügel aufweist, und die meisten Blätter weisen eine oder mehrere solcher Wellen auf. Die Röhre, gerade oder gebogen, fest in der rechten Hand halten und die beiden Finger der linken Hand auf die Oberfläche *und Seite* der Klinge etwa einen Zoll von der Schneidkante entfernt drücken – die bereits beschriebene Position: Das Werkzeug wird gerade gedrückt vorwärts über die gesamte Länge des Schnitts mit der rechten Hand; gleichzeitig wird die Klinge mit den beiden Fingern der linken Hand soweit nach rechts gedrückt oder nach links gezogen, dass sich die Neigung nach rechts oder links bewegen kann; und drittens wird das rechte Handgelenk angehoben oder abgesenkt, damit das Werkzeug über die vorgesehenen Hügel oder Wellen auf dem Blatt fährt. Nun gehen diese drei unterschiedlichen Bewegungen oder Kräfte, die auf das Werkzeug ausgeübt werden, ineinander über und man kann sagen, dass sie gleichzeitig verwendet werden, und sind in Wirklichkeit eine kontinuierliche Bewegung, die den Schwungschnitt ergibt; aber das Ausmaß, in dem irgendjemand überwiegt, hängt natürlich von der besonderen Form des Blattes oder der Schriftrolle ab, die geschnitzt werden soll, und wird durch nur wenig Übung an verschiedenen Formen bald herausgefunden.

Beim Beginnen oder Ausarbeiten dieses Musters (Abb. 44) und aller anderen im Hochrelief sollte der Schüler darauf achten, dass er eine Fräse wählt, deren Schwung zur Biegung des Blattes in dem Teil passt, an dem er beginnen soll Platzieren Sie die Kante des Hohleisens nach außen, aber ziemlich nahe an der Linie, halten Sie das Werkzeug schräg, um es nach außen wegzuschneiden, und schlagen Sie mit dem Hammer mäßig darauf. Achten Sie darauf, die Fräse nicht zu tief einzutreiben. Dabei handelt es sich um die *Ausblendung* des Blattes bzw. die Umrisse im Vollkörper. Beginnen Sie dabei damit, nur den allgemeinen Umriss zu erstellen oder auszuschneiden. Lassen Sie die Zwischenräume oder Vertiefungen der zweiten Größe für einen zweiten Schnitt und die kleineren Kerben der Blätter und feinen Ecken für die Endbearbeitung übrig. In diesem Muster, Abb. 44 , auch Abb. 42 und 45 sollten die Blätter die natürliche Größe haben oder zwischen drei und fünf Zoll lang sein.

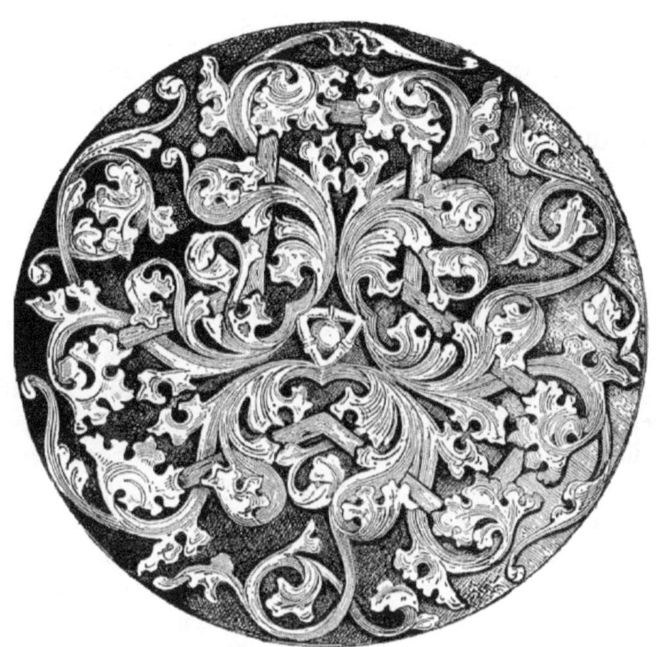

Abb. 45.

Die meisten Anfänger schneiden zu nah unter das Blatt, um sofort zum Relief zu gelangen, das wie ein Ende aussieht. In der Regel ist es besser, egal welches Muster, ob flache Bandarbeit oder Hochrelief, immer eher nach außen geneigt zu sein. Denn erstens, wenn wir mit der Bandarbeit fertig sind, kann es für den Schüler notwendig sein, so viel wegzuschneiden, um das Muster abzuschrägen, abzurunden oder zu unterschneiden, dass (besonders wenn es sich um schmale Linien handelt) die *Ausdünnung* wegfällt zerstören ihre Proportionen völlig. Aber es ist auch aus einem anderen Grund gut, mit dieser Kürzung und Unterbietung sehr sparsam umzugehen. Es gibt viel zu viele Holzschnitzer, die unten abschneiden, um die Blätter dünn und natürlich zu machen, bis sie wie Papier und viel zerbrechlicher sind. Dies wird sehr als Hinweis auf „Fähigkeit" angesehen und erfordert sicherlich eine allgemeine Fähigkeit, um dies zu bewirken . Aber es erfordert eine viel höhere und edlere Art von *Kunst* und Willen, die Blätter stark und fest zu machen, auch wenn wir sie konventionalisieren – so dass ihre Kurven wirklich schön sind. Und dies kann geschehen, und gleichzeitig bleiben alle schönsten und charakteristischsten Merkmale der Blätter erhalten.

Beim Band- oder Flachschnitzen kann ein starker Schatten oder ein Relief wie folgt erzielt werden. Beim Schneiden den Meißel oder die Hohlkehle in einem Winkel von 45° nach außen neigen, also / . Wenn die Erdung abgeschlossen ist, schneiden Sie unter dem Gefälle auf halber Höhe ab. Der Umriss sieht dann wie ein **< aus** . Diese scharfe Kante kann ein wenig weggeschnitten werden, z. B. □ , oder sogar in ein abgerundetes □ , **wobei in diesem Fall** rund um die Kante eine deutliche Schattenlinie entsteht .

Nachdem Sie das Ganze quasi senkrecht, also in einer Richtung oder auf einer Seite, ausgeblendet haben, beginnen Sie damit, die offensichtlichsten Vertiefungen oder Vertiefungen auszuschneiden. Mit Sorgfalt und Maß wird selbst der Anfänger bald feststellen, dass seine Blätter beginnen, Form anzunehmen. Wenn er noch nicht gelernt hat, kühn zu schneiden und zu fegen, kann er das Ganze vielleicht dadurch zu Ende bringen, dass er das Holz einfach durch gerades Schneiden mit Hilfe der Feile, des Rifflers oder der Raspel wegschneidet. Tatsächlich ist dieses gerade Schneiden und Raspeln für viele Anfänger und insbesondere Langwierige durchaus empfehlenswert, da sie dadurch zumindest den Umgang mit Werkzeugen und das Modellieren und Aushöhlen erlernen. Anfänger haben immer große Angst oder Bedenken, wenn es darum geht, „rund" auszuhöhlen und zu krümmen, aber wenn sie merken, dass ein Gegenstand anfängt, Form anzunehmen, fassen sie Mut, und wenn ihnen ein oder zwei sogar durch einfache, sichere Arbeit gelungen sind Mit Hilfe von Raspeln können sie sicherer schnitzen.

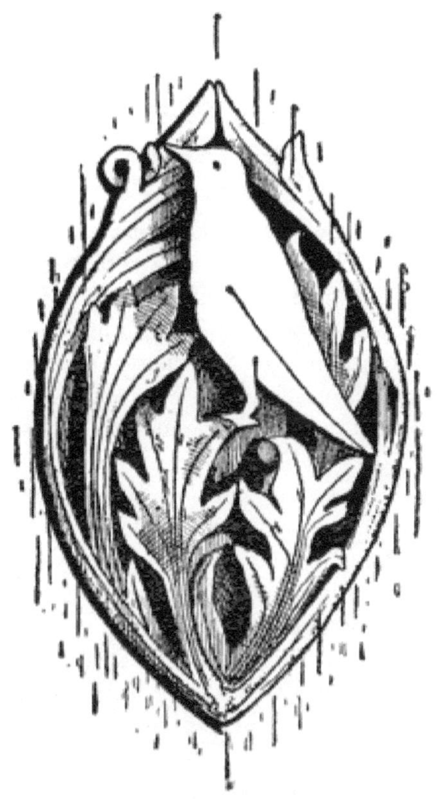

ORNAMENT AUS DEM DOM, FLORENZ.

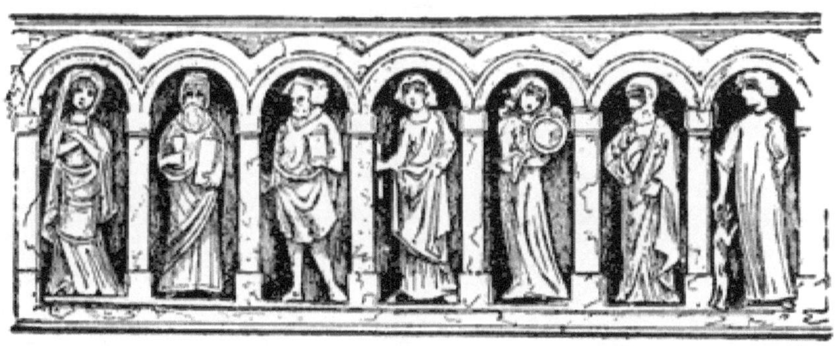

NEUNTE LEKTION.

SCHNITZEN EINFACHER FIGUREN ODER TIERFORMEN – FIGURINI FÜR SCHRÄNKE – EINFACHE ABGERUNDETE KANTEN UND ANSATZ ZUM MODELLIEREN.

WENN der Schüler etwas Übung darin hat, Blätter und ähnliche Ornamente in Reliefs zu schnitzen, lernt er bald, sie zu vertiefen oder immer höher zu schneiden und sie dann in Form zu bringen. Wenn er will, kann er jetzt einige einfache Tierformen ausprobieren. Ein hängender Vogel, eine Ente oder ein Hase werden ihm keine besonderen Schwierigkeiten bereiten, erstens, wenn er sich ein bereits in Holz geschnitztes Schweizer Werk beschafft und es nachahmt. Es gibt wenige Städte, in denen er so etwas nicht bekommen kann. Es stimmt zwar, dass viele Schweizer Holzschnitzereien vom Stil und der Verarbeitung her überhaupt nicht zu empfehlen sind, aber für den Anfang reicht das ganz gut aus. Die beste Methode wäre natürlich, einen Hasen aus Ton nach dem Vorbild eines toten Hasen zu modellieren. Auf jeden Fall kann er damit beginnen, ein paar Spielzeugtiere zu kaufen, die aus Holz geschnitzt und nicht bemalt sind. Diese werden durch Sägen oder Drechseln aus Holz in den Profilbereich hergestellt. Dieses wird dann in viele Stücke geschnitten und jedes dieser Stücke, manchmal ziemlich gut, in ein Tier geschnitzt. Die Wolle oder das Haar wird in sehr kleinen Rillen oder V-Werkzeugen nachgeahmt und manchmal mit einer Raspel, einem Kamm oder einem anderen Werkzeug abgekratzt. Nach dem Ausblocken stellen solche Arbeiten keine besonderen Schwierigkeiten dar.

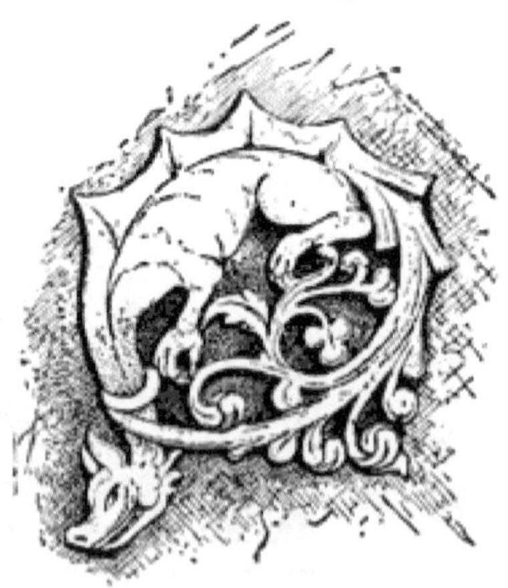

Abb. 46.

Bei den gewöhnlichen oder grotesken Tieren in gotischen Schnitzereien ist der Vorgang genauso einfach. Zeichnen Sie ein solches Tier, Abb. 46 oder 48 *a* oder *b* , und nachdem Sie es einigermaßen ausgestreckt haben , runden

Sie die Kanten ganz allmählich ab. Handelt es sich zum Beispiel um eine Schlange, die überall rund ist, ist dieser Vorgang sehr einfach, besonders wenn wir sie nach dem Schneiden mit Feilen und Glaspapier glätten. Es wird sich formen. Nun können die Gliedmaßen von Tieren und sogar von Menschen im Flachrelief auf diese Weise abgerundet werden, um annähernd der Korrektheit zu entsprechen; oder bis hin zur Korrektheit genug für anfängliche Zierprozesse. Wenn der Schüler fortschreitet und sich im Modellieren verbessert und Fortschritte beim Kopieren macht – sagen wir hervorragende Muster der Renaissance und der klassischen Arbeit –, wird er weit über diesen Anfang hinausgehen. Aber es gibt an sich überhaupt keinen Grund, warum er, wenn er nur seine Umrisse richtig zeichnet, nicht mit diesem einfachen gotischen Werk beginnen sollte.

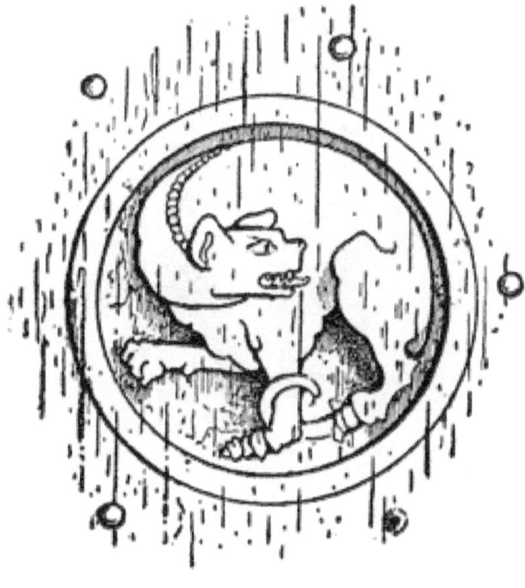

Abb. 47.

Was auch immer ein Schüler aus dem Leben oder einem Block zeichnen kann, *das* kann er beschatten; und was immer er zeichnen und schattieren kann, kann er modellieren (oder *umgekehrt*); und was er modellieren kann, kann er in Holz ausführen; Auch die Ausarbeitung in Messingblech oder Leder würde ihn überhaupt nicht stören. Dies ist die beste Arbeitsweise, so sehr die beste, dass jeder Holzschnitzer unter allen Umständen und trotz aller Nachteile mit ganzem Herzen danach streben sollte, das Zeichnen und Modellieren zu lernen; denn indem er dies tut, wird er viel mehr lernen als alle drei dieser Abschnitte zusammen, denn er wird mit Sicherheit eine Fähigkeit erworben haben, die ihm bei allem, was er unternehmen mag, helfen wird.

Nachdem ich gelernt habe, einfache Figuren zu skizzieren, abzurunden und zu runden, rate ich dem Schüler, mehrere davon auszuführen, mit oder ohne Blätter und Ornamente. Er kann auf diese Weise Fische, Tiere aller Art und menschliche Figuren in Umrissen skizzieren und ausschneiden, bis er eine gewisse Sicherheit und Leichtigkeit hinsichtlich ihrer Ausführung verspürt.

Was der Schüler in dieser Lektion also tun muss, ist, einfache Tierformen zu zeichnen, auszubreiten und zu runden. Lassen Sie ihn in dieser Phase mehr auf die wenigen Punkte achten, die die allgemeine Richtigkeit einer Skizze ausmachen, als auf kleinere Details. Ich beziehe mich auf die allgemeinen Abstände der Augen, Gelenke, Umrisse der Beine und des Rückens bei einem Pferd, Hirsch, Schwein usw.

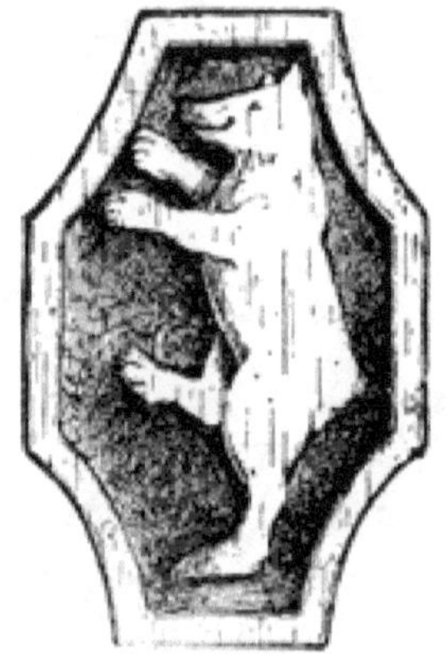

Abb. 48 *a* .

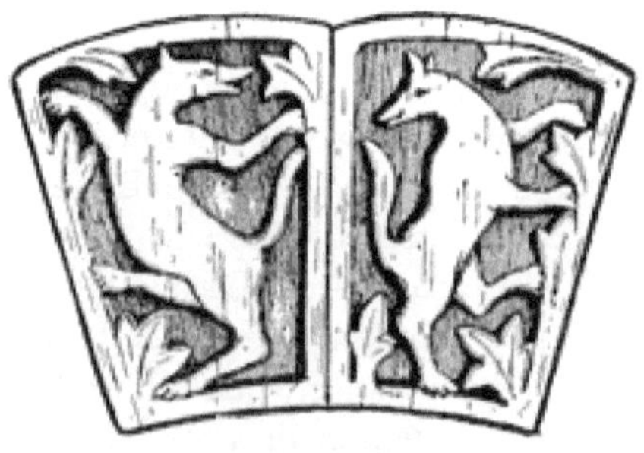

Abb. 48 *b* .

Einfache Figuren können in Flach- oder Bandarbeit oder im untersten Relief sowie in jeder anderen Arbeit ausgeführt werden.

Die italienischen Schnitzer verwendeten im 15. und 16. Jahrhundert für die Tischlerei in großem Umfang *Figuren* , Abb. 49 , sowie das Ornament auf Seite 60 . Dabei handelte es sich um kleine Statuen, im Allgemeinen menschliche Wesen, mit einer Länge von drei bis fünf Zoll. Sie waren bei gewöhnlicher Arbeit eher skizziert als kunstvoll geschnitzt, aber die Wirkung war gut; manchmal waren hunderte davon in einem einzigen Schrank untergebracht. Diese *Figuren* wurden auch in späteren römischen und römisch-byzantinischen Stein- und Elfenbeinarbeiten sehr häufig verwendet, im Allgemeinen als Reihen von Heiligen oder Schriftpersönlichkeiten, von denen jede eine Nische unter einem Rundbogen füllte. Diese letzteren waren oft so grob und einfach geformt, wie man es sich nur vorstellen kann, doch aufgrund ihrer „Beschaffenheit" oder Anlage waren sie als untergeordnete Teile von gutem Geschmack. Jeder Schnitzer mit ein wenig Übung kann sie herstellen. Reihen von *Figuren* in Nischen wurden häufig als Ränder oder zur Umrandung von Schatullen verwendet.

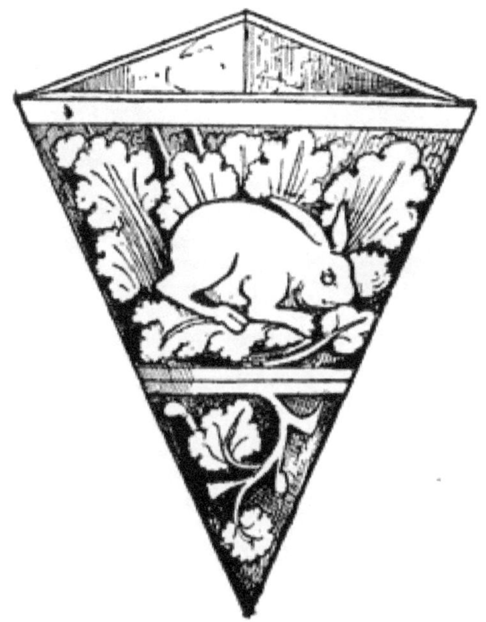

HÄNGEBOX FÜR EINE ECKE.

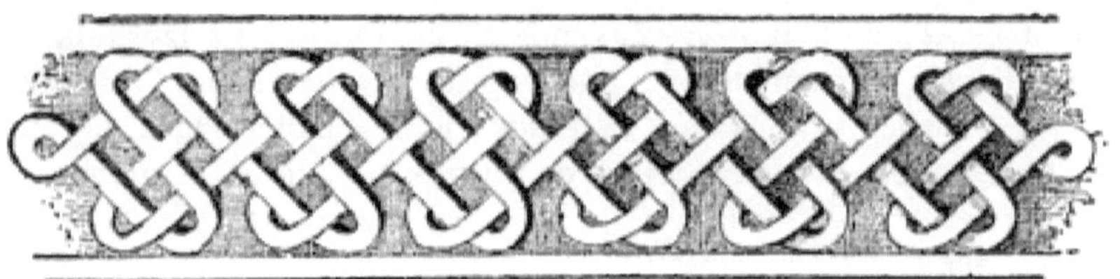

Zehnte Lektion.

Endbearbeitung – Nachahmung alter und abgenutzter Arbeiten – wo
Polieren erforderlich ist.

DER Abschluss einer Holzschnitzerei hängt davon ab, um welche Arbeit es sich handelt. Wenn es sich um ein sorgfältig ausgeführtes Blattwerk handelt, oder um Blätter (und „Blätter", wie *Häkelnadeln* in der dekorativen Kunst, ist ein Begriff, der weithin für alle herausschießenden oder wachsenden Ornamente verwendet wird), ist es natürlich am besten, nur mit dem Hohleisen oder dem Hohleisen fertig zu werden Meißel, damit die Fähigkeit des Künstlers im sauberen Schneiden deutlich wird. Aber es ist für Autoren, die sich mit Holzschnitzerei befassen, zur Mode geworden, dass sie als Gesetz ausnahmslos darauf bestehen, dass alle Holzschnitzereien durch Schneiden abgeschlossen werden müssen; dass auf keinen Fall Glaspapier und Feilen verwendet werden sollten und dass ein Schnitzer nicht versuchen sollte, die Oberfläche seiner Schnitzerei zu glätten, als ob er die Ausführung seiner Arbeit verbergen wollte. Bei der Holzschnitzerei, wie auch bei allem anderen, folgt ein wahrer Künstler nicht bloßen Regeln. Er verwendet die Werkzeuge, die ihm gefallen, und beendet die Arbeit, wie es ihm gefällt. Er beschränkt seine Arbeit nicht auf eine einzige Art und erklärt, dass sich alles auf das beschränken sollte, worin er oder bestimmte Experten überragend sind. Eine Betrachtung der schönen und merkwürdigen Holzschnitzereien im großen Saal in Venedig wird jeden davon überzeugen , dass außer Blättern auch andere Dinge aus Holz geschnitzt werden können; und dass, wenn es sich beispielsweise um alte Bücher mit Metallverschlüssen, um Haushaltsgegenstände oder um Waffen handelt, die Nachahmung durchaus so weit gehen darf, dass die Oberfläche poliert wird. Auch hier mag es dem Künstler sehr oft einfallen, alte und abgenutzte Gegenstände, wie eine Pilgerflasche, einen Sarg oder ein Horn, nachzuahmen, da das Alter auf diese Weise oft sehr schöne und merkwürdige Effekte von Licht und Schatten, unterschiedlicher Politur oder Rauheit erzeugt sehr und sehr vorteilhaft von der stereotypen Einheitlichkeit des Stils zu vieler Schulen ab. All dies erfordert eine weitreichende Abkehr von der No-Polish-Theorie.

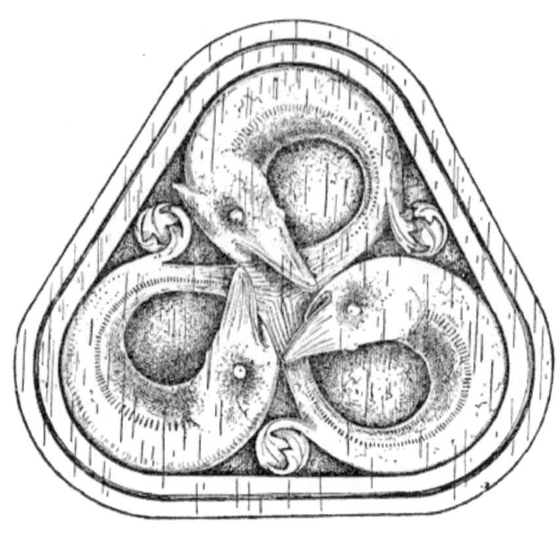

Abb. 49.

Die Wahrheit ist, dass der Anfänger tatsächlich *lernen sollte* , sauber und gut zu schneiden und alle seine Arbeiten mit einer Kante zu erledigen, ohne Feilen oder Glaspapier, aber es gibt kein Gesetz, warum er nicht weitermachen sollte. Ein großer Teil der Schönheit vieler alter Gegenstände beruht auf einem gewissen abgenutzten Aussehen, durch das sie einige grobe Mängel verloren haben. Wir werden nun überlegen, wie ein solcher Schliff verliehen werden kann.

Zeichnen Sie auf einer etwa einen halben Zoll dicken Platte, Abb. 49 . Nachdem Sie es ausgestreckt haben , unterschneiden Sie die Figur *ganz* leicht, nicht vollständig, sondern indem Sie die Kante ein wenig abrunden. Tun Sie dies zunächst mit dem Meißel so sorgfältig wie möglich; Dann nimm Dateien. Für viele Stellen bei Ihrer Arbeit, insbesondere zum Glätten von Böden, wo die Arbeit schwierig ist und das gebogene Werkzeug nicht zur Verfügung steht, ist eine gebogene Feile am nützlichsten, und diese sind in jeder Form und Kurve erhältlich. Für die grobe Bearbeitung können Sie Raspeln und große Riffelfeilen verwenden, für feinere Arbeiten kleine Feilen. Nachdem Sie Ihre Arbeit in Form gebracht haben, können Sie den Boden mit Glasscherben, einem speziell dafür angefertigten Werkzeug oder einem Meißel flach abkratzen. Nehmen Sie dann Glas oder Glaspapier, wobei Ersteres sehr vorzuziehen ist, und bearbeiten Sie sorgfältig noch mehr. Wenn Öl aufgetragen werden soll, kann es jetzt ratsam sein, alle Schnitzereien zu ölen. Tragen Sie das Öl mit einem breiten Flachpinsel auf, aber wenn es Stellen gibt, die es nicht erreicht, verwenden Sie eine kleinere Farbe oder einen Kamelhaarstift. Lassen Sie das Öl einige Tage in einem warmen Raum einwirken. Dann mit einem Stück sehr weichem Kiefernholz vorsichtig reiben. Je fester Sie reiben, desto besser wird die Politur, aber desto größer ist auch die Gefahr, dass die Oberfläche der Schnitzerei verbogen oder eingedrückt wird. Daher ist große Sorgfalt erforderlich. Je länger das Polieren fortgesetzt wird, desto besser wird der Effekt sein. Handwerker verbringen oft genauso viel Zeit mit dem Polieren eines zu bearbeitenden Werkstücks wie mit dem Schnitzen.

Es ist zu beobachten, dass es bei der Verwendung von Glaspapier oft sehr schwierig ist, in bestimmte Löcher oder Hohlräume zu gelangen. Dies erreicht man, indem man entweder einen Teil des Papiers zu einer Rolle formt oder es um das Ende eines zu diesem Zweck zugeschnittenen Stabs faltet oder rollt. Am effektivsten ist es jedoch, einen Stab, etwa in der Größe eines Bleistifts oder je nach Hohlraum, zu nehmen, das Ende mit einer Hohlkehle und Glaspapier abzurunden, das Ende in Leim zu tauchen und, während es darin ist, zu entfernen feucht, in pulverisiertes Glas. Nach dem Trocknen eignen sich diese hervorragend als Finishing und können erneut eingetaucht werden, wenn das Glas abzunutzen beginnt. Auf diese Weise kann Glas auf die Enden alter gebogener Feilen gesteckt werden.

Wenn es Figuren von Tieren, Blättern oder Bändern gibt, die auf diese Weise *im Antik-Stil bearbeitet und poliert werden sollen oder abgenutzten Arbeiten ähneln sollen, ist es nicht ratsam, sie zu stark in Innenarbeiten oder Inlineskates* einzubauen . Innenarbeiten sind zum Beispiel die Federn eines Vogels, die Haare eines Tieres, die Schuppen eines Fisches, die Mittellinien und Blattadern. Wenige Zeilen als Hinweis müssen genügen. Aber der Student der alten und abgenutzten Schnitzerei kann nicht umhin, all diese Schlussfolgerungen für sich selbst zu ziehen.

Der letzte Abschluss einer solchen Arbeit kann durch Reiben mit der Hand erfolgen. Dies verleiht bestimmten Holzarten und anderen Stoffen einen besonderen Glanz, den nichts anderes wirklich verleihen kann.

Bei einem sehr großen Teil der einfachen Flach- oder Bandarbeiten wird der Effekt durch Polieren des Musters, Aufrauen oder Einkerben des Untergrunds erheblich verstärkt oder verbessert. Dies ist nicht nur völlig legitim, sondern wird häufig auch bei Marmor- oder Metallrepoussés aller Art sowie bei Lederarbeiten durchgeführt , und dennoch wiederholt jeder Autor, der sich mit Holzschnitzereien beschäftigt, als Pflicht die Anweisung, dass „kein Polieren" erfolgen darf nichts als schneiden. Dies kommt in der Tat einem Verbot der Anwendung von Holzschnitzereien auf Möbeln, zu handhabenden Gegenständen, Häusern und vielen anderen Arten von Dekorationen gleich. Tatsächlich gibt es jedoch Fälle in der Dekoration, in denen Farben oder Färbemittel, Nagellack, Nägel oder andere Metallarbeiten auf kunstvollste und schönste Weise mit Holzschnitzereien kombiniert werden können, wie viele tausend Relikte des Mittelalters und der Renaissance beweisen.

Das Polieren eines Musters lässt es glänzen, während das Aufrauen oder Tupfen eine Oberfläche dunkler macht. Wenn wir also in der Dekoration kräftige Licht- und Schatteneffekte wünschen, können wir die erhabenen Teile durchaus polieren. Aufwändig geschnittene Arbeiten, die einzeln und nicht nur als Teil eines Ganzen untersucht werden sollen, müssen nicht poliert oder aufgeraut werden; Sein Finish hängt von den Bedingungen seines Entwurfs ab.

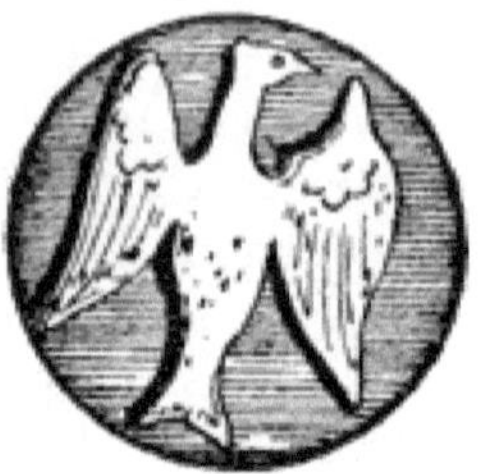

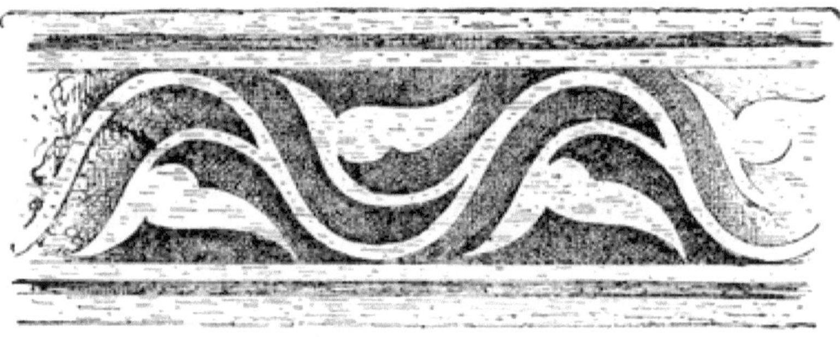

Elfte Lektion.

WINDELARBEIT – GESTEMPELT WINDELMUSTER – WINDELN SCHNEIDEN.

BEI DEM , was man Windelarbeit nennt, besteht der Grund aus einem im Allgemeinen kleinen Muster, das sich häufig in regelmäßigen Abständen wiederholt. Der Name leitet sich vom bekannten „windel" oder „gemusterten Leinentuch" ab, vom altfranzösischen *diapré* , was dasselbe bedeutet, vom Verb *diapréz* , „windel", oder „ mit Schnörkeln diversifizieren " (Cotgrave). Laut Skeat stammt das Verb aus dem Altfranzösischen *diaspre* , später *jasper* , einem Stein, der häufig für Zierschmuck verwendet wird . Italienisch, *Diaspro* , ein Jaspis. „ *Windel* , zum Dekorieren mit einer Vielzahl von Farben oder zum Sticken auf einem reichen Grund" (anglonormannisch). „Es gab ein so genanntes reich gemustertes Tuch" (Strutt, ii. 6), als „auch eine Art bedrucktes Leinen" (Halliwell). Letztere kommen immer noch häufig vor. Es ist jedoch höchstwahrscheinlich, dass das Wort tatsächlich, wie Fairholt behauptet, von Ypern, dh d'Ypres , stammt , das für solche Arbeiten berühmt war. Einige Autoren verwenden den Begriff lediglich für das Punktieren, Eindrücken oder Aufrauen eines Grundes, aber er ist auch auf kleine Figuren anwendbar.

GESTEMPELTE WINDELMUSTER. Diese können zunächst und am einfachsten mit Holz, geprägt oder gestanzt, Abb. 23 und 27 , und einem Hammer oder Hammer hergestellt werden. Üben Sie damit zunächst am Altholz. Es ist zunächst nicht einfach, sie in vollkommen regelmäßigen Abständen zu wiederholen, sodass das eine dem anderen gleicht. Die Arbeit wird erheblich erleichtert, indem man Linien wie ein Schachbrett oder ein Schachbrett auf den Boden zeichnet und in jedem Punkt oder entlang der Linien einen Stempel oder eine Windel macht. Stanzen für diesen Zweck sind in großer Vielfalt erhältlich. Diese Art von Stanzarbeiten ist sehr effektiv für schmale Kanten und Ränder sowie für Filets, die sonst mühsam und schwer zu schnitzen wären. Mit wenig Übung kann diese Arbeit sehr schnell ausgeführt werden.

WINDELN SCHNEIDEN. Es gibt einige Muster, die sehr einfach mit einem einzigen Werkzeug geschnitten werden können, beispielsweise Quadrate, Rauten und Dreiecke. Für diese reicht ein Stemmeisen oder Meißel aus. Der Leser wird bemerken, dass abwechselnd ein Quadrat usw. entfernt und ein anderes übrig gelassen wird. Beim Entwerfen oder Auswählen dieser oder anderer Windeln muss darauf geachtet werden, dass sie genau zusammenpassen. Aber alle Figuren dieser Art, was auch immer sie sind, eignen sich gut für Gelände.

Eine fortgeschrittenere Art der Windelarbeit besteht darin, Linien mit dem Trennwerkzeug oder der kleinsten Hohlkehle zu schneiden, es sei denn, Sie sind tatsächlich erfahren genug, um dies mit einem Meißel oder einem Fräser zu tun.

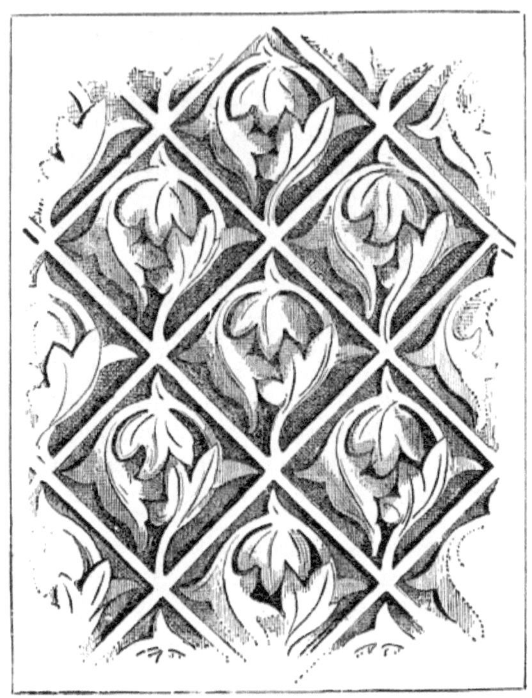

Abb. 50.

Dies war im Mittelalter die häufigste Art, Sarge zu wickeln. Ein sehr schöner Effekt wurde oft dadurch erzielt, dass diese Linien mit dunkelbrauner oder schwarzer Farbe gefüllt wurden. Auf jeden Fall wurden sie dunkel, wenn sie geölt wurden oder wenn sie älter wurden und Staub und Öl oder Feuchtigkeit in sie eindrangen. Es wurde bereits gesagt, dass jede Art von reiner *Stricharbeit* auf einer glatten Holzoberfläche mit einem V-Werkzeug oder allgemein mit einem kleinen Hohleisen ausgeführt werden kann. Dies kann auch mit einem Pausrad, einem Fühler oder einem anderen Instrument mit eher stumpfer Spitze erfolgen . Bei hellem Hartholz lassen sich so sehr schöne Effekte erzielen.

Der nächste Schritt besteht darin, Linien zu schneiden und diese mit dem Ausschneiden und Ausheben von Räumen zu verbinden, wie beim gewöhnlichen Schnitzen. Dennoch ist es in der Regel keine gute Idee, Windeln zu dekorativ oder aufwendig zu gestalten; denn dadurch werden sie größer und lenken dann die Aufmerksamkeit vom Muster (falls vorhanden) oder den Hauptfiguren ab. Wenn die gesamte Oberfläche aus Windeln besteht, wie bei einem Teppich, können die Windeln so groß und aufwendig sein, wie man sie herstellen möchte.

Es gibt nur eine allgemeine Regel für die Gestaltung der Windel. Zeichnen Sie ein Schachbrett und wandeln Sie diese dann durch Diagonalen in „Punkte nach oben und unten", Quadrate oder Dreiecke um. oder füllen Sie die gleichen Räume mit gleichseitigen Dreiecken, Sechsecken, Kreisen oder Fünfecken usw. [1] Diese können mit jeder geeigneten Dekoration ausgefüllt werden. In Abb. 50 wurden Teile der ursprünglichen Oberfläche der Tafel als Grate belassen, um die Windeln zu trennen, und dann wurde jede einzelne davon mit der gleichen Verzierung geschnitzt; ein eher fortgeschrittenes Beispiel, aber nur in mäßigem Relief geschnitten. Eine weitere Tafel, Abb. 52 , zeigt eine Reihe geeigneter Figuren im Flachrelief; Etwa zwei oder drei davon sollten ausgewählt und in regelmäßiger Reihenfolge in benachbarten Räumen wiederholt werden.

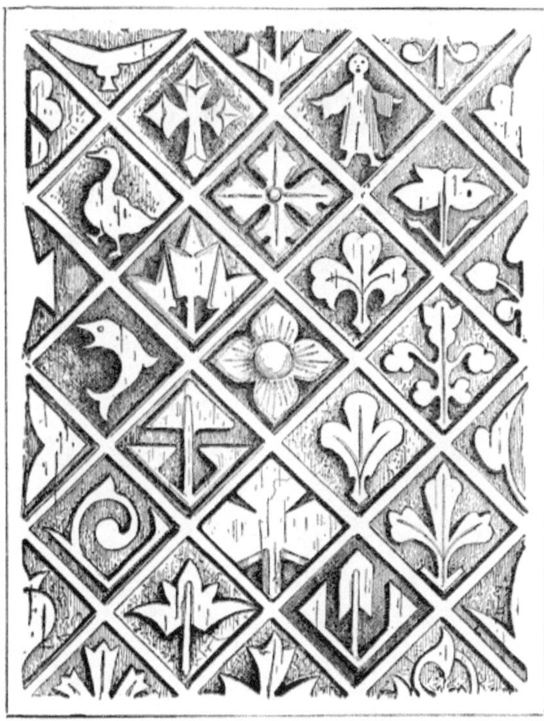

Abb. 51.

Wo das Hauptziel die einfache Dekoration von Oberflächen ist, ist das einfache Windelschneiden ein wichtiger Industriezweig, mit dem sich auch ohne große Geschicklichkeit schöne Ergebnisse erzielen lassen. So können große Möbelstücke, Truhen und insbesondere Wände oder Täfelungen damit problemlos geschmückt werden, selbst von jemandem, der weit davon entfernt ist, runde Blätter einzuschnitzen oder zu schneiden. Es kann auf viele Arten sehr erleichtert werden. Eine davon besteht darin, die Muster in zweifacher Ausfertigung, viele auf einmal, aus Papier auszuschneiden, sie auf das Holz zu kleben und sie zu schnitzen. Befeuchten Sie anschließend das Papier und entfernen Sie es gründlich mit einer harten Bürste. Ein anderer Plan besteht darin, das Muster aus Pappe, dünnem Messing oder Holz auszuschneiden und es mit einem Bleistift oder einer abwaschbaren Farbe zu schablonieren. Dann wie zuvor abschneiden. Wenn wir eine bestimmte Figur einmal ein paar Mal geschnitten haben, ist es sehr einfach, sie immer wieder zu wiederholen, und Anfänger können sich daher mit großem Vorteil an das Windelschneiden herantasten, da sie dadurch nicht nur eine Vertrautheit mit dem Windelschneiden erlangen Umgang mit den Werkzeugen, aber durch Wiederholung sich mit mindestens einem Vorgang perfekt vertraut machen; Denn das größte Problem in allen Künsten und Studien besteht darin, dass sie in keinem frühen Stadium irgendetwas ausreichend beherrschen.

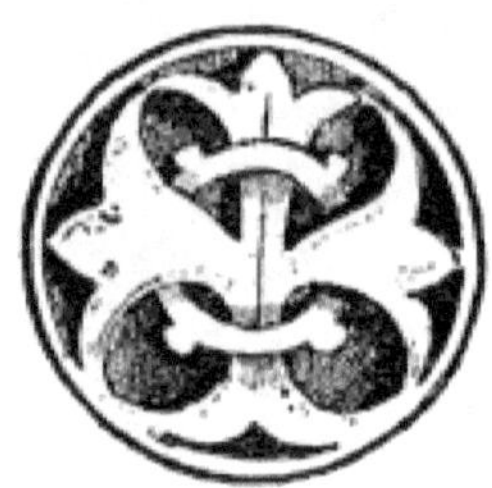

ZWÖLFTE LEKTION.

AUFBAU- ODER ANWENDUNGSARBEIT.

ES häufig vor, dass die meiste Arbeit auf einer Ebene liegt, ein Teil, im Allgemeinen die Mitte , sich jedoch über den Rest erhebt oder darüber hinausragt, wie in Abb. 52 dargestellt . Es wäre oft eine Zeit- und Holzverschwendung, dies aus einem Stück herauszuschneiden. In solchen Fällen kleben wir lediglich ein zusätzliches Stück Holz auf und schnitzen es in Form. Manchmal muss beim Schnitzen eines Gesichts nur die Nase und vielleicht das Kinn hinzugefügt werden. Man sagt, dass diese Methode, Holz auf Holz zu kleben, um zusätzliches Relief zu erhalten, erstmals von Grinling Gibbons ausgiebig praktiziert wurde .

In Deutschland ist dieser Zusatz eines zentralen „Chefs" so gut verstanden, dass in vielen Geschäften Köpfe oder Gesichter von Männern, Frauen oder Tieren, Kränze und ähnliche Zentren oder Bosse für Schnitzer verkauft werden, die Flach- oder Bandarbeiten ausführen können. aber kein Hochrelief. Auf diese Weise können sehr dekorative oder auffällige Arbeiten mit möglichst geringem Aufwand und Kosten ausgeführt werden. Auf die gleiche Weise wird ein Stück alte Schnitzerei, oder es können mehrere Stücke sein, von einem halb zerstörten antiken Exemplar genommen oder gerettet und gut auf ein gesundes Stück altes Holz geklebt, das ihnen in Farbe und Textur genau gleicht. Dieses wird dann im gleichen Stil geschnitzt. Auf diese Weise können leicht wirklich wertvolle Arbeiten hergestellt werden, denn solche halbverfallenen alten Schnitzstücke werden allzu oft weggeworfen und können oft für eine Kleinigkeit gekauft werden.

Dennoch kann diese Methode der *Applikation* oder des Aufbringens von Holz auf Holz, auch wenn sie in bestimmten Fällen zur Einsparung großer Schnitt- und Materialeinsparungen eingesetzt wird, zu weit getrieben werden, wenn sie zur bloßen Herstellung verkommt.

Applikationsarbeiten dieser Art fallen noch weiter in die Manufaktur, wenn sie aus dünnen Brettern bestehen, die mit einer Laub- oder Dekupiersäge in Muster geschnitten, mit Hohleisen bearbeitet und dann auf Holz geklebt werden. Das ist schlichte Nachahmung. Dennoch kann man bedenken, dass es zwar absolut *keine* hohe oder legitime Kunst ist, aber dass es kein Gesetz und keinen Grund dagegen gibt, auch wenn die meisten Autoren zu diesem Thema dies leugnen; und wenn jemand keine bessere Möglichkeit finden kann, sein Haus zu schmücken, dann hat er vollkommen recht, wenn er es für richtig hält. Und wenn er sich die Zeit, das Können und die Materialien leisten kann, wird er wahrscheinlich von der *Applikationsarbeit* zu etwas Besserem übergehen. Auf jeden Fall wird er dadurch etwas gelernt haben, und es lohnt sich zu lernen. Bei großen Kunstkritikern ist es allzu oft der Fall, dass sie verlangen, dass jeder auf einmal einen vollendeten Geschmack und *ein hohes Vorstellungsvermögen haben muss* , ohne Rücksicht auf die Kosten.

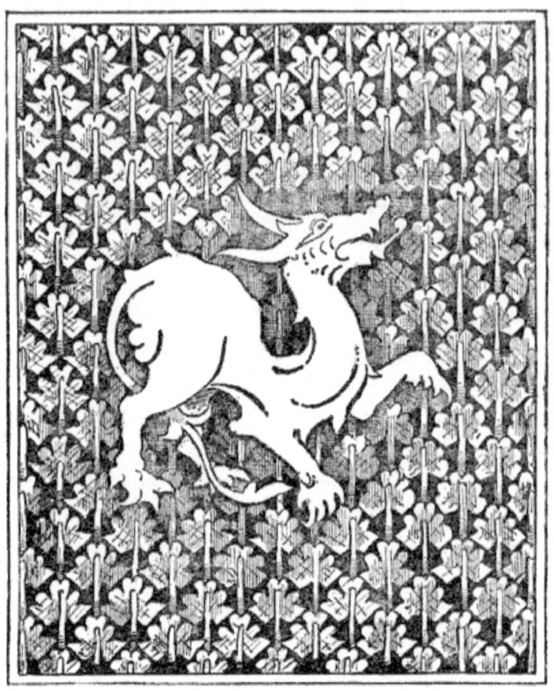

Abb. 52. APPLIKATIONSARBEIT.

DRACHE AUS DÜNNEM HOLZ, APPLIKATION AUF WINDELGRUND.

Der Schüler darf sich nun an einer einfachen Applikationsarbeit *versuchen* . Nehmen Sie eine Platte, Abb. 52 , und zeichnen Sie das Muster darauf nach. Lassen Sie für die Figuren eine leere, ebene Fläche der ursprünglichen Oberfläche, die sogenannte „Sitzfläche", in ihrer genauen Größe und bearbeiten Sie dann den Boden. Wenn es sich dabei um eine *Windel handelt* , kann diese entweder durch Schnitzen oder durch Stempeln hergestellt werden. Nachdem Sie den Windelgrund fertiggestellt haben, sägen oder schneiden Sie die Figuren aus, kleben Sie sie an ihren Platz und schnitzen Sie sie aus. oder das Schnitzen kann vor der Anwendung ausgeführt werden.

Applikationsarbeiten kann man, insbesondere wenn große Flächen aufgetragen werden, den Einwand erheben, dass zwei Holzstücke selten *genau* die gleiche Qualität und Textur haben und dass sie daher manchmal im Nachhinein in unterschiedliche Richtungen schrumpfen oder anschwellen können, wie es natürlich ist Ergebnis von Verformung und Spaltung. Abhilfe schafft manchmal die Verwendung von Schrauben und Kleber; Die beste Vorbeugung gegen solche Unfälle besteht jedoch darin, sowohl den Boden als auch das darauf geklebte Stück aus demselben, natürlich perfekt abgelagerten, Stück Holz zu schneiden.

In vielen Fällen werden Rahmen oder Bordüren *appliziert* oder aufgeklebt. Wenn das Werk für ein Album oder einen Buchumschlag bestimmt ist, kann der Rahmen etwas höher als das zentrale Ornament gemacht werden, um es vor Kratzern zu schützen, wenn es mit dem Gesicht auf einer beliebigen Oberfläche liegt. Dies ist nicht erforderlich, wenn es für ein Paneel an der Seite eines Kastens oder in einer Wand verwendet wird.

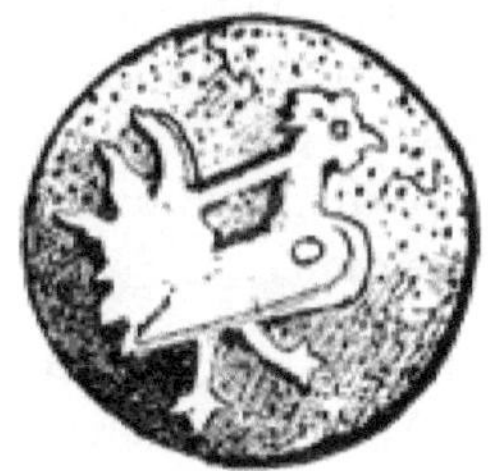

DREIZEHNTE LEKTION.

SCHNITZEN IN DER RUNDE.

BEIM SCHNITZEN in der Runde wird ein Objekt geschnitten, das auf allen Seiten bearbeitet ist, beispielsweise als Büste oder Statue. Es handelt sich tatsächlich um eine „Statue". Für einen Anfänger scheint es eine sehr schwierige Arbeit zu sein, aber für einen Schüler, der die in diesem Buch dargelegten Grundlagen beherrscht und ein Tiefrelief von einem Zoll oder ein Hochreliefmuster von zwei oder drei Zoll messen und schneiden kann Es wird ihm überhaupt keine Mühe bereiten, etwas Kleines in die Runde zu schnitzen und daraus etwas Größeres zu machen. Die Schritte beim Holzschnitzen vom Hämmern eines eingekerbten Musters bis zum Schnitzen einer Statue sind perfekt definiert und sehr einfach, wenn sie einzeln gründlich gemeistert werden.

Das Schnitzen in der Runde wird demjenigen am wenigsten schwer fallen, der seine Arbeit in Ton oder Modellierwachs modellieren kann. Besonders einfach gelingt ihm das, wenn er Schnitzen, Gestalten und Modellieren abwechselt; Es ist in der Tat eine so große Hilfe beim Schnitzen, dass es kaum etwas ohne es geben dürfte. Wer etwas aus Ton oder Wachs modelliert hat, hat es gewissermaßen in ein weiches Material geschnitzt, während echtes Schnitzen nur das Modellieren mit Hohleisen und Meißeln ist.

Für jemanden, der die ersten sechs Lektionen dieses Buches gemeistert hat, ist es keine Schwierigkeit, eine halbe Ente oder einen halben Fisch als Relief zu schnitzen. Wenn er die andere Seite schnitzen und sie verbinden könnte , hätte er das Tier fertig. Vom Ausschneiden einfacher Formen wie Enten, Fische, Hasen oder Wild in Hochreliefs lernt der Schnitzer bald, fast alles „aufzurauen". Nachdem er eine Büste aus Ton angefertigt hat, weiß er, wo hier oder da ein Stück entfernt oder weggeschnitten werden muss. Während er vorgeht, studiert er es, abwechselnd im Profil oder im Vollgesicht, und misst ständig mit Messschieber und Zirkel, um sicherzustellen, dass er alle Proportionen beibehält. Die Übung, die er im sorgfältigen Schnitzen, Rillen, Fegen und Modellieren von Blättern, im Schneiden von Wildhaaren, im Nachahmen von Korbflechtereien usw. hatte, wird nun alle zum Tragen kommen. Was das Anpassen bestimmter Werkzeuge zur Formung der Augäpfel, Augenlider usw. betrifft, so hat der Schüler, wenn er das Maß und die Kapazität seiner Werkzeuge noch nicht kennt, wenig Sinn gemacht. Wenn er von Zeit zu Zeit Zweifel hat, schnitze er einfach ein Auge, eine Lippe oder einen Mund in ein Stück Abfallholz, und er wird keine Schwierigkeiten haben, es zu wiederholen. und wer die Zeit für eine solche Praxis missbilligt, wird niemals ein Künstler werden, Abb. 53

Die große Schwierigkeit beim Schnitzen in tiefen Reliefs und in runden Formen besteht darin, den allgemeinen Schwung, die Kontur und die Proportionen des *Ganzen zu erfassen*, und dies ist schwierig für einen Schüler, der nicht entwirft, schattiert und modelliert, während es nur ein bloßes Bild ist Kleinigkeit für jemanden, der es tut. Das Ausschneiden und Ausblocken, das die große Schwierigkeit zu sein scheint, ist ein rein mechanischer Vorgang, der mit Zirkel, Schnitzwerkzeug und Raspel und manchmal hier und da mit einer Stahlbügelsäge durchgeführt wird. Und es stellt keine Schwierigkeiten für jeden intelligenten Menschen dar, der alles, was in den vorherigen Lektionen beschrieben wurde, sorgfältig ausgeführt hat, insbesondere für jemanden, der Tiere und einfache Figuren oder Gesichter in Hochrelief geschnitzt hat.

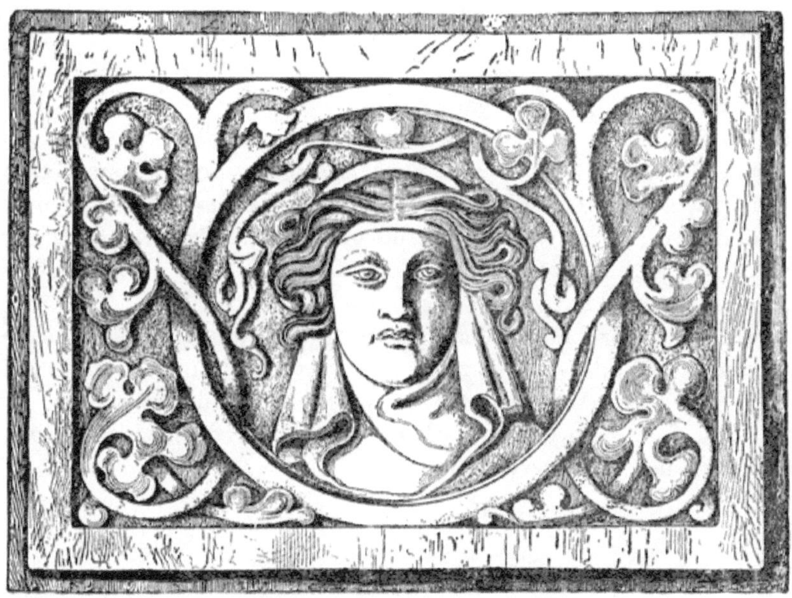

Abb. 53. HOCHRELIEF. Design von C. G. Leland.

Es ist wahr, dass in Werkstätten, in denen viele große und grobe Arbeiten ausgeführt werden, wie zum Beispiel großartige Stücke für Decken, Figuren für Fassaden und dergleichen, der Bildhauer, der von Anfang an im Sweep-Schnitt und im kühnen Hacken geschult ist, berücksichtigt kaum Schwierigkeiten und geht mit großer Zuversicht ans Schnitzen. Was der Student nun anstreben muss , ist, etwas von dem Vertrauen des bloßen Handwerkers in die Kultur und das Wissen des Künstlers zu erlangen. Und er sollte, wann immer sich eine Gelegenheit bietet, versuchen, praktischen

Schnitzern aller Art bei der Arbeit zuzusehen, denn auf diese Weise wird er viel lernen, was keine Bücher vermitteln.

Es empfiehlt sich, die ersten Schnitzversuche in der Runde mit weichem Kiefernholz zu machen, da dieses sich natürlich am leichtesten modellieren lässt. Niemand sollte entmutigt werden, weil ein erster oder zweiter Versuch gescheitert ist.

Ich habe beobachtet, dass viele Autoren, die sich mit der Kunst befassen, Schnitzereien im Hochrelief oder in der Rundform so behandeln, als ob der erste Eindruck darin notwendigerweise ein menschlicher Kopf oder eine menschliche Figur sein müsste, also das schwierigste aller Objekte. Aber wer einen Holzschuh oder ein Kaninchen oder einen Fisch oder den einfachsten Gegenstand in großem Maßstab von allen Seiten ausschneiden kann, wird, wenn er dies wiederholt, bis es ihm leicht gelingt, das Größte gemeistert haben Schwierigkeit, die Anfänger beunruhigt, die des *Ausblendens* von allen Seiten.

Beim Kopf von Civitale , ganz halbrund, der leicht ganz rund gemacht werden kann, kann der Schnitzer mit der Modellierung des Ganzen beginnen. Wenn dies nicht bequem ist, lassen Sie ihn mit dem Zirkel die verschiedenen Abmessungen markieren und das Ganze sorgfältig in Form bringen, indem Sie zunächst alles in eine grobe Form runden und dann ganz allmählich die Hohlräume wegschneiden. Für den Schüler, der die vorherigen Lektionen sorgfältig ausgeführt hat, wären keine detaillierten Beschreibungen darüber, welche Werkzeuge genau an bestimmten Stellen auszuwählen sind oder wie zu arbeiten ist, von echtem Nutzen, da er keinen einzigen Schnitt haben wird, den er nicht schon einmal gemacht hat. und in diesem Fall wird ein wenig freiwilliger Einfallsreichtum und Nachdenken mehr nützen als jede Unterweisung.

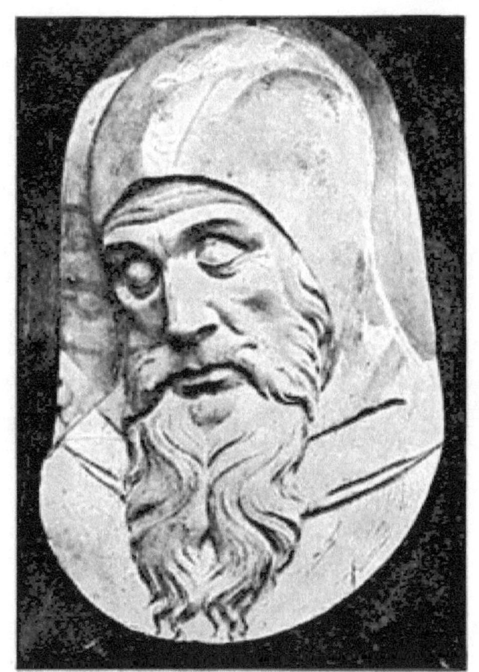

KOPF, VON CIVITALE . *S. 82* .

ANHANG ZU LEKTION XIII.

ZUM GEBRAUCH DER SÄGE.

(Von John J. Holtzapffel .)

Der Stahl- Buhl -Sägerahmen (Abb. 16) kann sehr nützlich sein, um viele der überflüssigen Teile des Materials in den frühesten Stadien des Rundschnitzens zu entfernen, wie bei großen oder kleinen Figuren , und für die Teile, die entfernt werden müssen weggeschnitten werden, um die Umrisse oder Ränder zwischen Blättern und anderen Ornamenten in flachen Arbeiten zu belassen. In solchen Fällen ist es zu empfehlen, denn seine Verwendung spart nicht nur viel Zeit, sondern auch die Gefahr von Brüchen, denen die Arbeit sehr ausgesetzt ist, wenn diese Teile mit dem Schnitzwerkzeug vollständig entfernt werden müssen.

Beim Rundschnitzen kann der Block, der auf seinen Oberflächen mit dicken Bleistift- oder Buntstiftlinien mehr oder weniger grob angezeichnet ist, um sich seiner endgültigen Form anzunähern, mit der Schraube des Schnitzers auf der Werkbank gehalten werden (Abb. 10). Das ist unpraktisch, oder wenn es sich um ein flaches Werkstück handelt, kann es im Schraubstock festgehalten werden. Es wird ein grobes, starkes Buhl - Sägeblatt verwendet; Dieser wird zunächst in der Schraubbacke auf der anderen Seite des Sägerahmens fixiert; Der Griff des letzteren wird dann abgeschraubt, bis er etwa einen halben Zoll über die Klinge hinausragt, und sobald das andere Ende der Klinge darin befestigt ist, werden auch die beiden Backen durch Drücken auf die andere Seite der Klinge einander näher gebracht der Sägerahmen an der Werkbank, mit dem Griff an der Brust des Arbeiters; Danach wird der Griff wieder zurückgeschraubt, bis die Backe wieder in ihre ursprüngliche Position zurückkehrt. Die Rückseite des Sägeblatts zeigt zur Rückseite des Sägerahmens, und die Zähne des Sägeblatts sollten vom Griff weg zeigen und leicht zu erkennen sein, wenn man mit dem Finger daran entlangfährt, und wenn die Säge für den Gebrauch richtig gespannt ist, sollten sie dies auch tun klingen wie eine Harfensaite.

Bei der Verwendung wird der Griff des Rahmens von allen Fingern der Hand erfasst, mit Ausnahme des Zeigefingers, der gerade entlang des Rahmens in Richtung der Säge ausgestreckt ist; Letzterer wird gerade nach vorne geschoben und mit mäßigem Druck herausgezogen, der gerade ausreicht, um einen Schnitt zu bewirken, und dann gedreht, um den Richtungen der Linien oder Kurven des zu entfernenden Stücks zu folgen. Beim Sägen ist der ausgestreckte Zeigefinger ein untrüglicher Orientierungspunkt für die Schnittrichtung.

Wenn ein Teil zwischen anderen, die übrig bleiben müssen, entfernt werden muss, z. B. zwischen dem Körper und der Armbeuge oder zwischen den Beinen einer Figur, wird zunächst ein kleines Loch durch den Block gebohrt und die Säge durch den Block geführt bevor es belastet wird; und die einzige notwendige Vorsichtsmaßnahme bei der Verwendung der Säge besteht darin, überall genügend Material zu belassen, um beim anschließenden Schnitzen vollkommene Freiheit zu haben, indem man nicht zu nah an einer Stelle schneidet.

Eine ganz andere Methode wird beim Ausschneiden von Formen angewendet, den Teilen, die zum Schnitzen von *Applikationen* verwendet werden , und für die Umrisse von Laubsägearbeiten oder Tafeln mit vielen Zwischenräumen, deren Oberfläche anschließend geschnitzt werden soll. Diese Arbeiten können nicht im Schraubstock oder auf andere Weise festgehalten werden, nicht nur, weil sie oft dünn sind und leicht brechen, sondern auch, weil es, wenn sie so festgehalten werden, unmöglich ist, die gewünschten echten, leicht fließenden Umrisse auf einmal ohne anschließende Korrektur zu erreichen , die problemlos hergestellt werden kann, wenn das Werk vollkommen frei ist.

Der professionelle Handbundschneider, der die besten und aufwändigsten Arbeiten herstellt, beispielsweise die langen, dünnen, durchbrochenen Platten, die für die Vorderseiten von Klavieren mit Seide hinterlegt werden, verwendet einen ähnlichen, aber viel tieferen und dennoch leichten Sägerahmen aus Holz, mit den gleichen Schraubbacken aus Stahl, an einer Schnur an der Decke aufgehängt. Er sitzt rittlings auf einer Bank namens „Pferd“, vor der sich zwei hohe, senkrechte Backen befinden, deren Oberkanten mit Messing oder manchmal auch mit Kork ausgekleidet sind. Die weitere Backe ist so befestigt, dass sie dem Schub der Säge standhält, die andere ist unten eingekerbt und springt auf, wenn man sie sich selbst überlässt, wird aber durch eine diagonale Strebe geschlossen, die lose in Aussparungen ruht, die in der Vorderseite der Bank und in der des beweglichen Teils angebracht sind Kiefer; Die Strebe wird nach unten gezogen, um die Backe am Werkstück zu schließen, indem eine Schnur von ihr durch ein Loch in der Bank zu einem Trittbrett unter dem Fuß des Arbeiters verläuft. Die Oberflächen seines Werkstücks sind daher vertikal, und das Werkstück selbst wird sehr leicht gehalten, so dass er es mit der linken Hand in alle Richtungen drehen kann, während er die Säge gleichmäßig horizontal in derselben Ebene hin und her bewegt , mit rechts.

ein einfacherer Träger namens „Sägetisch“ (Abb. 7 *b*) verwendet, der für die kleinere Klasse von Werken, die wir betrachten, jeden Zweck erfüllt. Dieses Werkzeug besteht aus einem länglichen Stück Holz, vollkommen flach, glatt und auf der Oberseite poliert, an dessen einem Ende sich ein Schlitz von etwa einem Zoll Breite befindet; Darunter befindet sich ein

Querstück aus Holz, um das Gerät auf der Bank oder dem Tisch, auf dem es steht, stabil zu halten, sowie eine Klemme und eine Schraube, um es dort zu befestigen.

Das Werkstück wird zunächst mit den Löchern durchbohrt, um die Säge durch alle vorgesehenen Zwischenräume zu fädeln, die Säge wird durch eines dieser Löcher geführt, wie zuvor gespannt, und dann wird es mit dem Muster nach oben auf den Sägetisch gelegt, auf dem es leicht liegt gehalten und herumgedreht durch die Spitzen aller fünf Finger der linken Hand, die senkrecht darauf aufliegen; Die Säge wird mit der rechten Hand im Schlitz vertikal auf und ab bewegt, der Griff befindet sich unterhalb des Sägetisches. Ziel ist es, die Säge immer an der gleichen Stelle zu halten und die Kurve oder Linie allein durch die vollkommen freie Bewegung des Werkstücks entstehen zu lassen. Die verwendeten Sägeblätter sind viel feiner als die zuvor erwähnten; Sie werden wie zuvor fest gespannt, jedoch so in den Rahmen eingesetzt, dass die Zähne jetzt in die entgegengesetzte Richtung, zum Griff hin, zeigen und der Schnitt daher im Abwärtshub erfolgt.

Die gewöhnlich verwendeten Sägen, wie die Zapfen- und Schwalbenschwanzsägen mit Messingrücken und die Lochsägen des Zimmermanns, finden ebenfalls ständigen Einsatz, indem sie zunächst die Blöcke und Platten grob formen und vorbereiten, um sie anschließend zu schnitzen; Bei ihrer Verwendung ist es lediglich erforderlich, wie bei allen Sägearbeiten an geschnitzten Werken, die markierten Linien gerade so weit abzuschneiden, dass alle Sägespuren mit dem Schnitzwerkzeug entfernt werden.

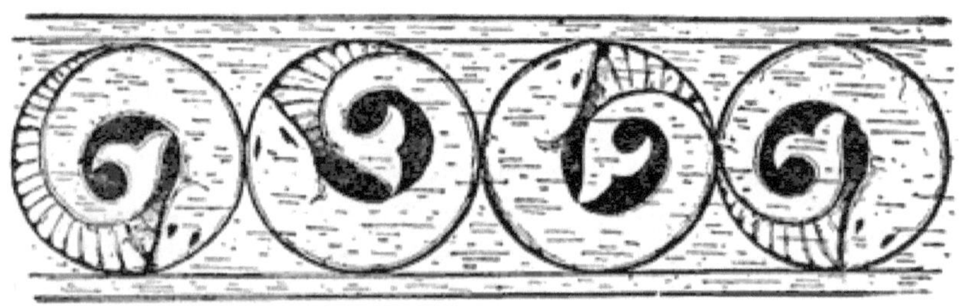

VIERZEHNTE LEKTION.

Eingeschnittene, tiefgravierte oder eingesenkte Schnitzereien.

TIEFE Schnitzereien, wie sie von manchen Autoren genannt werden, werden von Künstlern heute als „eingeschnitten", „versenkt" oder „Intaglio" bezeichnet. Es handelt sich um eine fortgeschrittene Form des Hohleisenschneidens.

Es handelt sich um eine sehr schöne und dennoch einfache Art von Arbeit, die in Italien in der Frühzeit ausgiebig praktiziert wurde und die besondere Aufmerksamkeit verdient, da sie nicht nur für kräftige, große und sogar grobe Dekorationen anwendbar ist – die jedoch sehr effektiv waren – aber zu den empfindlichsten und kleinsten Gegenständen. „Man kann es", sagt General Seaton, der es als Erster beschrieb, was er mit großer Begeisterung tut, „versenktes Schnitzen nennen, denn im Gegensatz zur üblichen Methode wird das Schnitzen versenkt, während der Boden in seiner ursprünglichen Form belassen wird." ursprüngliches Niveau." Wie eine Gravur auf Metall schneidet es sich in den Boden ein und ist für seine Wirkung ausschließlich auf Umrisse oder Zeichnungen und Schatten angewiesen. Es eignet sich für Buchumschläge oder überall dort, wo die Schnitzerei berührt oder gerieben werden kann, da sie, da sie unter der Erde versunken ist, nicht gerieben oder beschädigt werden kann, bis der Boden selbst abgenutzt ist.

Nehmen Sie ein beliebiges Holz außer grobem Holz – Stechpalme, Buche, Eiche, Pappel, Birne oder Walnuss – und lassen Sie die Oberfläche gut gehobelt oder vielleicht poliert sein. Wenn es sich um ein helles Holz handelt , zeichnen Sie Ihr Muster mit einem sehr weichen Bleistift, sagen wir *B B B*, auf Papier, legen Sie es mit der Vorderseite nach unten auf das Holz und reiben Sie die Rückseite vorsichtig mit einem Elfenbein- oder anderen Polierer ab. Die Arbeit wird hauptsächlich mit gebogenen, flachen und hohlen Hohleisen und Körnern mit zwei oder drei gebogenen Meißeln und Stempeln ausgeführt, und es kommt oft vor, dass ein gutes Stück Ritzschnitzerei mit sehr wenigen Werkzeugen ausgeführt werden kann. Die Ausführung erfolgt fast vollständig von Hand bzw. ohne Hämmern.

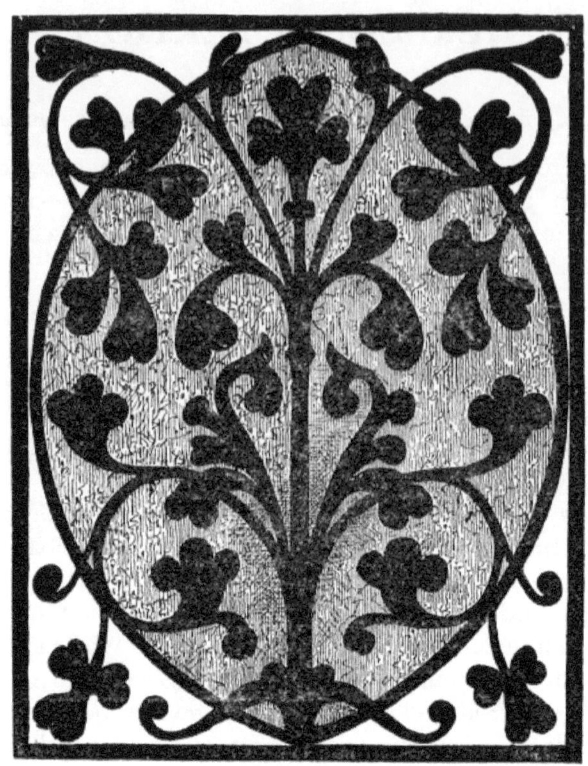

Abb. 54. Eingeschnittene Schnitzerei.

Wählen Sie ein einfaches Muster. Ihr Ziel ist es, das Schneiden zu erlernen und nicht gleich beim ersten Versuch etwas Aufsehenerregendes zu produzieren. Wenn das Holz dunkel ist, z. B. amerikanischer Walnuss, markieren Sie das Muster mit dem Stechrad oder Punkt, Abb. 54 . Wenn der Schüler kein perfektes Sehvermögen hat oder nachts schnitzen möchte, empfiehlt es sich, diese Punktlinie mit einem sehr feinen Kamelhaarpinsel und chinesischem Weiß nachzuzeichnen. Das verhindert viele Fehler. Nehmen Sie zunächst eine kleine Fräse, die etwas kleiner ist als der Durchmesser des zu schneidenden Stiels, und führen Sie sie entlang der Linie. Gehen Sie beim Schneiden der Blätter schrittweise zur Mitte vor . Nehmen Sie dann einen größeren Hohleisen und bearbeiten Sie die Stiele.

Halten Sie ein Stück Ton oder Kitt oder feuchtes geknetetes Brot bereit und machen Sie von Zeit zu Zeit einen Abdruck Ihrer Arbeit. Dies ist wichtig, denn die wahre Vorzüglichkeit der Tiefdruckschnitzerei besteht darin, dass sie genau wie eine umgekehrte Reliefschnitzerei ist. Auf diese

Weise erkennen Sie sofort und ohne besondere Anweisungen, welche
Werkzeuge Sie bei Ihrer Arbeit verwenden müssen.

Abb. 55. EINGESCHNITTENER RAND: MITTE IM FLACHRELIEF.

Abb. 55 ist ein eher fortgeschrittenes Beispiel dieser Schnitzkunstklasse.
Das gesamte Blattwerk wird mit geraden und gebogenen Hohleisen und
Meißeln in Cavo Reliefo oder Hohlräume geschnitten und die Linien darauf
mit gebogenen V-Werkzeugen gezogen. Die Ente in der Mitte kann ein
gewöhnliches Flachrelief aufweisen, um einen wirkungsvollen Kontrast zu
schaffen.

Es gibt noch einen weiteren Grund, warum Sie auf diese Weise lernen,
Ihre Arbeit perfekt zu machen. Wenn Sie in Hartholz schnitzen, können Sie
immer ein Stück versenktes oder tiefgraviertes Schnitzwerk als Form
verwenden . Wenn es fertig ist, nehmen Sie ein Stück rostrotes Leder,
weichen Sie es in Wasser ein, bis es ganz weich ist, drücken Sie es mit den
Fingern und einem Schwamm einige Zeit vorsichtig in die Form und nehmen
Sie es dann ab. Wenn Ihr Holz gut geschnitten ist, ist das Leder im trockenen
Zustand genauso attraktiv wie die Schnitzerei selbst und kann auf vielfältige
Weise verwendet werden. Das Holz wird nicht im geringsten geschädigt,
wenn man es nach der Abformung trockenwischt. Mit solchen Formen Es
können auch Abgüsse *aus Pappmaché* angefertigt werden. Ich habe jetzt ein
wunderschönes Exemplar einer altbyzantinischen Arbeit vor mir, die auf
diese Weise hergestellt wurde.

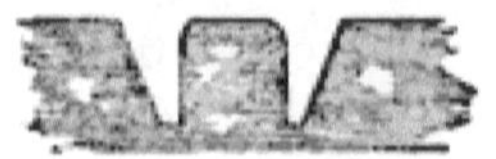

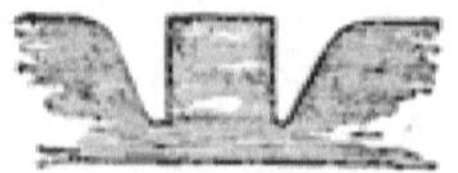

Ägyptisches Schneiden.

Es gibt eine besondere Art von Tiefdruckschnitzerei, die als ägyptisch bezeichnet werden kann, da die alten Ägypter sie sehr häufig für ihre Denkmäler verwendeten. Es bestand darin, den Umriss einer Figur auf folgende Weise auszuschneiden. Auf der *Außenseite* schnitt der Schnitzer senkrecht ab, während das Innenmuster nicht weggeschnitten, sondern nur an den Kanten abgerundet war.

Das Ergebnis dieser eigentümlichen Rille oder dieses Schnitts, der auf der einen Seite gerade und auf der anderen abgerundet oder gebogen war, war ein sehr starkes Relief und Schatten. Tatsächlich handelte es sich um eine einfache Kombination aus Relief und Ritz- oder Cavo- Schnitzerei, wodurch mit wenig Arbeit ein starkes Relief erzielt wurde. Das Hauptziel bestand darin, die Inschrift solide und haltbar und gleichzeitig gut lesbar zu machen. Das Prinzip ist, wie ich gezeigt habe, durchaus auf Ornamente anwendbar und erfordert viel weniger Arbeit als selbst das Tiefdruckschnitzen. Dabei handelt es sich um mehr, tatsächlich um viel mehr, als bloße Umrisse, und es ist insbesondere auf Wand- und Wanddekorationen anwendbar.

Eingeschnittene Schnitzereien werden oft durch Bemalen und manchmal auch durch Lackieren deutlich verbessert. Das heißt, der eingesunkene Teil wird dadurch gefärbt . Ich habe gesehen, dass Weiß und Zinnoberrot mit gutem Effekt eingesetzt wurden, aber Schwarz und Dunkelbraun werden im Allgemeinen bevorzugt. Die Vergoldung wirkt besonders reichhaltig, wenn sie in der Vertiefung aufgetragen wird, da der Schatten ihr einen feinen Ton verleiht.

Obwohl die Nachahmung von Gravuren nicht zum Bereich der Holzschnitzerei gehört, gibt es doch eine sehr schöne und einfache Kunst, bei der Zeichnen und Malen auf sehr raffinierte Weise mit einer Art Schnitzerei verbunden werden. Nehmen Sie eine Platte aus festem, hellem Holz Farbe , gut gehobelt und poliert. Zeichnen Sie darauf ein beliebiges Muster oder sogar ein Tier oder menschliche Figuren. Schneiden Sie die Hauptlinien mit einem V-Werkzeug ein oder verwenden Sie je nach Größe kleine Fräsen. Für die feinen Linien und Schattierungen verwenden Sie einen Marker oder einen beliebigen Punkt zum Eindrücken, der nicht so scharf ist, dass er zerkratzt wird. dies ist eine Angelegenheit von großer Bedeutung; und

das Holz, das nach Möglichkeit aus Buchsbaum, Bergahorn, Buche oder
Stechpalme bestehen sollte, muss so angepasst oder vorbereitet sein, dass es
Spuren aufnehmen kann, ohne zu brechen. Wenn alle Linien gut
eingezeichnet sind, nehmen Sie einen Miniatur-Fitch-Bleistift und füllen Sie
jede Linie mit Farbe aus . Achten Sie dabei darauf, dass sich die Farbe nicht
über die Linien hinaus ausbreitet. Es können verschiedene Farben verwendet
werden. Dabei handelt es sich kaum um eine Holzschnitzerei, aber in
geschickten Händen entstehen wunderschöne und bemerkenswerte Effekte.
Es ist tatsächlich sehr effektiv, wenn es auf Leder aufgetragen wird. Da die
Farbe in den Linien *versunken* ist , ist sie gut geschützt; Diese Art der
Verzierung eignet sich daher gut für Buchumschläge. Ich habe es erfolgreich
auf schwere Kartonplatten aufgetragen, die für Künstler zum Malen in Öl
vorbereitet wurden.

Wie ich bereits sagte, wird sich das Einschneiden von Schnitten für
Arbeiter in Leder, Pappmaché, Ton oder Gips als nützlich erweisen , da sie
damit Formen herstellen können . Eine andere Art von Form wird wie folgt
hergestellt: Schneiden Sie mit einer Säge den Umriss des Musters in ein Stück
Brett aus, das dick genug ist, um die erforderliche Tiefe zu erreichen.
Anschließend verkleben Sie das Lochbrett mit einem anderen Brett, wobei
die Oberflächen beider Bretter natürlich vorher gehobelt und geglättet
werden. Dadurch entsteht die Rohform . Füllen Sie dann die Ecken der
Hohlräume mit einer Zusammensetzung aus Ton und Leim oder Kitt oder
Reis und Kalk mit Eiweiß oder einem anderen geeigneten Zement aus und
formen Sie es, solange es weich ist, mit den Fingern und Werkzeugen bis ins
kleinste Detail Muster erforderlich. Wenn es vollkommen trocken ist, gehen
Sie vorsichtig darüber, machen Sie hier und da Probeabdrücke mit
Spachtelmasse und korrigieren Sie es mit gebogenen Feilen. Dann glätten Sie
es dort, wo es überhaupt rau ist, ölen Sie alles ein und machen Sie Ihren
Gipsabdruck.

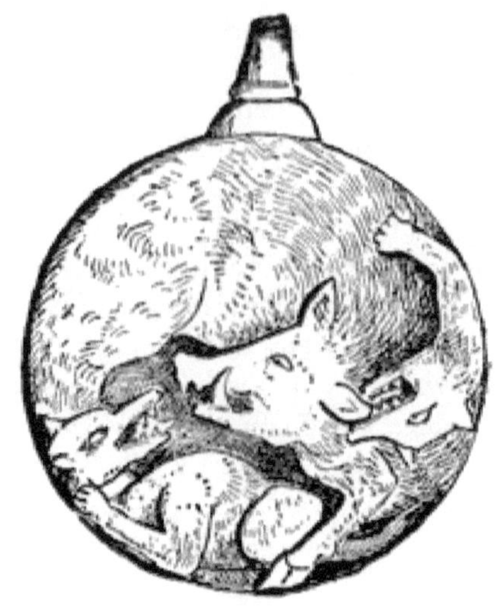

BUCHSBAUM-PULVERFLASCHE. ALTDEUTSCH.

FÜNFZEHNTE LEKTION.

SCHNITZEN GEBOGENER OBERFLÄCHEN: KAKAO-NÜSSE, SCHALEN, HÖRNER, FÄSSER, KRÜGE USW.

DAS SCHNITZEN konkaver oder konvexer Oberflächen, wie etwa der Außenseite eines Horns oder der Innenseite einer Schale, ist oft eine sehr schwierige Arbeit, und obwohl ein genialer Künstler leicht selbst einen Weg finden wird, solche Schwierigkeiten zu überwinden, ist es gut, dies zu wissen sofort, wie die Arbeit erledigt werden kann.

HÖRNER. Die erste Schwierigkeit besteht darin, das Objekt so zu fixieren, dass es geschnitten werden kann. Ein Anfänger, der es unternimmt, ein so hartes, rutschiges und unhandliches Objekt wie ein Horn zu schnitzen, wird, wenn er es mit einer Hand hält , während er mit der anderen schnitzt, unweigerlich sein Muster beschädigen oder sich verletzen. Es ist sehr gefährlich, die Arbeit in einer Hand oder zwischen den Knien zu halten. Eine Möglichkeit, einen solchen Gegenstand zu befestigen, besteht darin, ein Brett zu nehmen und Querstücke darauf über die Enden des Horns zu nageln, so dass ein Teil freiliegt, an dem gearbeitet werden kann, und auf diese Weise kann man sicher schneiden. Auch hier können Halteklammern und Klammern verwendet werden, aber es ist äußerste Vorsicht geboten, damit diese nicht verrutschen, wenn zu großer Druck auf sie ausgeübt wird. Ein sehr gutes Mittel, um das Horn festzuhalten, besteht darin, ein Stück Holz auf dem Tisch zu befestigen, in dem sich ein Loch befindet, in das das untere Ende des Horns passt, während der Schaft auf dem Tisch ruht und dort befestigt ist. Nachdem Sie es befestigt haben, skizzieren Sie das Muster mit einem V-Werkzeug oder einem sehr feinkörnigen Hohleisen und schneiden Sie dann den Boden mit Viertelflacheisen und schließlich mit flachen Hohleisen ab. Die gebogene Feile kann frei für ein Horn verwendet werden und wird an vielen Stellen benötigt. Nach dem Polieren mit vorsichtigem Anfassen oder mit feinen Feilen und Glaspapier abschließen.

das Horn färben möchten , wählen Sie eines, das hauptsächlich weiß ist. Nehmen Sie eine Silbernitratlösung, die Ihnen jeder Apotheker zubereiten kann. Seien Sie wirklich sehr vorsichtig, wie Sie damit umgehen, denn es wird Kleidung, Teppiche oder Fleisch verbrennen und zumindest Ihre Finger für lange Zeit verfärben. Tragen Sie die Säure vorsichtig mit einem *Glaspinsel* , wenn Sie einen bekommen können, oder mit einer Glasspitze, einem Stift, einer Achatspitze oder einem Wachs auf das Muster auf. Wenn Sie zu diesem Zweck Holz verwenden, wird es zwar funktionieren, aber es wird sehr schnell von der Säure verbraucht. Dadurch entsteht ein gelber, brauner oder manchmal schwarzer Fleck, abhängig von der Stärke der Lösung, der Häufigkeit des Auftragens und der Härte des Horns. Wenn das Horn mit

Windelwerk oder vielen kleinen Figuren oder einem dichten Muster bedeckt ist, dann geben Sie immer die Säure in die Vertiefungen und lassen Sie das Muster weiß. Durch die Kombination von Ammoniak mit Schwefel wird ein schwarzer Farbstoff für Horn und Metall hergestellt . Es ist sehr übelriechend, aber wirksam. Jeder Apotheker wird es herstellen und auch die Farbstoffe für Elfenbein und Horn für Sie vorbereiten. Für den Amateur ist es besser und billiger, diese zu kaufen, als zu versuchen, sie selbst herzustellen. In den meisten Fällen sind Schwarz und Braun die besten Farben .

Wenn ein Horn in heißem Wasser gekocht oder gedämpft wird, wird es so weich, dass es flach werden kann. Dann ist es sehr einfach zu schnitzen. Der Autor besitzt zwei sehr alte und einzigartig verzierte italienische Hörner, die auf diese Weise geformt wurden. Wenn Horn mit Branntkalk und heißem Wasser behandelt wird, kann es zu einer Paste zerkleinert werden, die in jede beliebige Form wie Zement oder Gips gebracht werden kann. In kaltem Wasser wird es wieder hart. Alle alten Hörner wurden nicht für Schießpulver verwendet; viele davon waren für Wein oder andere Spirituosen bestimmt; andere wurden zum Blasen verwendet; Sie alle sind wirkungsvolle Schmuckstücke. Geschnitzte Hörner sind schöne Schmuckstücke, wenn sie mit Kordel und Quasten aufgehängt werden. Ich habe sie sehr attraktiv gemacht, indem ich die erhabenen Muster vergoldet habe.

EINE SCHÜSSEL SCHNITZEN. Das Äußere einer Schüssel stellt keine besonderen Schwierigkeiten dar, wenn sie gut befestigt ist. Es kann mit Blöcken und Nägeln oder Schrauben befestigt werden. Aber der *Innenraum* ist schwieriger zu erreichen und viel schwieriger zu schneiden. Dies geschieht natürlich hauptsächlich mit gebogenen Hohleisen und Meißeln. Bei besonderen Schwierigkeiten sind Sorgfalt und Geduld erforderlich. Es ist mir jedoch leicht gelungen, den Boden durch den Vorgang abzunutzen oder abzunutzen, der beim Schnitzen von Kokosnüssen beschrieben wird. Holzschalen, die sich gut zum Schnitzen eignen, können günstig in Einrichtungsgeschäften gekauft werden. Sie sind von der Art, wie sie in jeder Küche verwendet werden. Sie können auf Sockel montiert werden, wie sie jeder Wender herstellen kann, an dem die Schüssel mit einer Schraube und Kleber befestigt werden sollte. Schalen können wie Hörner gefärbt oder vergoldet sein. Sie sind für viele Zwecke sehr nützlich, vor allem um Besucherkarten oder andere kleine Gegenstände auf dem Schreib-, Arbeits- oder Toilettentisch aufzubewahren.

KAKAONÜSSE. Wenn es als Tasse verwendet werden soll, sägen Sie zunächst das Ende ab, auf dem sich das „Affengesicht" befindet, oder so viel wie gewünscht. Manchmal bleibt die ganze Nuss übrig, um sie als Amulett, Schmuck oder Amulett aufzuhängen, so wie im Osten Straußeneier aufgehängt werden. Reinigen Sie es dann mit einer großen Raspel glatt, bis es zum Schnitzen passt. Zeichnen Sie das Muster darauf mit chinesischem Weiß, damit es keine Fehler gibt. Befestigen Sie dann die Mutter wie bei der Schüssel am Brett oder Tisch (*siehe* S. 100).

Mit etwas Geduld lässt sich der Boden mit flachen Hohlmeißeln wegschneiden, und mit etwas Übung wird dies wirklich einfach und schneller, als man zunächst annehmen würde. Oder es kann hauptsächlich mit Dateien gemacht werden. Die schnellste Arbeitsweise ist jedoch ein „Schnitt", der von General Seaton wie folgt beschrieben wird, der ihn jedoch auf die bloße Dekoration eines Bodens beschränkt.

„Es gibt eine Art von Ornamenten, die am nützlichsten für die Biegung von Zweigen sind und die in in der Schweiz geschnitzten Klammern zu sehen sind. Dies kann als *Zickzackmuster* oder Ornament bezeichnet werden. Es soll die Kreuzrisse und Markierungen darstellen, die in der Rinde mancher Bäume am Ende der Äste zu sehen sind. Dies geschieht mit einem flachen oder viertelrunden Hohleisen, wobei die Hand von einer Seite zur anderen schwingt und gleichzeitig in abwechselnden Schritten jede Ecke des Werkzeugs vorrückt."

〰〰〰

Das heißt, wenn Sie das Werkzeug gerade auf und ab halten und von einer Seite zur anderen *bewegen* , ist nur wenig Übung erforderlich, um es zu erlernen. Aber es nicht zur Verzierung, sondern zum Schneiden oder vielmehr zum Graben zu verwenden, ist ein *Stecher* oder Meißel besser als ein Hohleisen; Wir müssen auch nicht besonders auf das Aussehen der Markierungen achten, da diese letztendlich alle ausgeschnitten oder geglättet werden müssen. Schaukeln Sie mit dem festeren Gerät auf und ab und drücken Sie dabei etwas flacher, als wenn das Objekt nur Linien zeichnen oder einen Teil des Bodens abkratzen würde. Gehen Sie dann aus einer anderen Richtung über diesen Boden, graben und kratzen Sie ihn erneut ab. Auf diese Weise lässt sich eine Schale schnell formen , und auf diese Weise kann man am Boden einer Schale arbeiten, wenn selbst die gebogenen Werkzeuge wenig oder gar keinen Nutzen bringen. Wenn der gesamte Boden durch dieses Verfahren ausgehoben wurde, kann er leicht mit Feilen oder Schnitzwerkzeugen geglättet werden. Die Ausschnitte der Kokosnussschale oder Abfallstücke können aufbewahrt werden, und wenn sie zu einem feinen Pulver gemahlen und mit Leim vermischt werden, ergeben sie einen bewundernswerten Zement für die Reparatur von Walnussholz oder anderen dunklen Holzarbeiten.

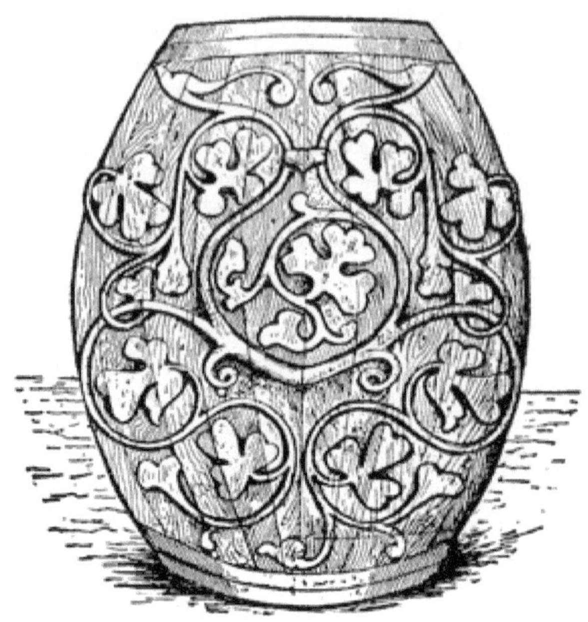

Abb. 56.

FÄSSER. Ein geschnitztes Fass ist ein bewundernswerter Gegenstand für Altpapier oder zur Aufbewahrung von Stöcken und Regenschirmen, Abb. 56 . Es sollte aus Holz mit einer Dicke von mindestens 2,5 cm bestehen. Wenn es durch breite Messing- oder Kupferreifen zusammengehalten wird, sieht es viel schöner aus. Ein Eimer oder Eimer kann auf die gleiche Weise geschnitzt werden; und wenn Löwenköpfe oder andere geschnitzte Ornamente *angebracht werden* , wird man feststellen, dass ein sehr dekoratives Objekt mit wenig Aufwand und Kosten hergestellt werden kann. Es ist am einfachsten, Fässer, Fässer, Eimer oder Tannenbäume auf und ab oder in einer senkrechten Position zu schnitzen und bei der Arbeit im Stehen zu arbeiten, wie es ein echter Schnitzer am Ende mit Sicherheit bei seiner gesamten Arbeit tun wird.

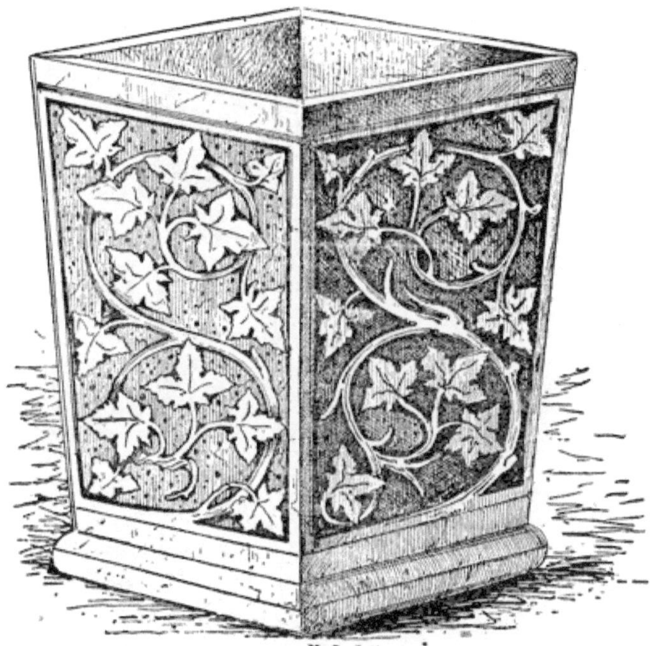

Abb. 57.

HUMPEN UND ALTPAPIERBOXEN. Krüge können, wenn sie klein sind, aus massivem Holz gedrechselt werden, aber wenn sie groß sind, ist es am besten, sie vom Küfer aus mehreren Teilen anfertigen zu lassen und sie mit Metall zu bespannen. Um das Muster für alle derartigen zylindrischen Objekte zu erstellen, nehmen Sie ein Stück Papier, das *genau* rund ist oder der Oberfläche entspricht, und stellen Sie sicher, dass das Muster kontinuierlich ist, das heißt ohne Unterbrechungen, es sei denn, es wird in Teilungen gestaltet. Holzmaße, wie sie von Händlern für Nüsse, Früchte usw. verwendet werden, eignen sich gut zum Schnitzen von Humpen. Sie können in allgemeinen Einrichtungsgeschäften gekauft werden.

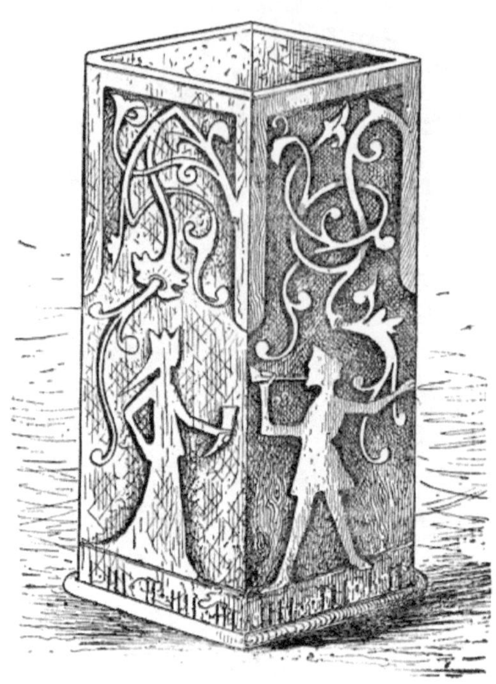

Abb. 58.

Die alten Iren und manchmal auch die Dänen stellten eine einfache Art Humpen her, Abb. 58 , indem sie vier Stücke Eichenholzplatte oder dünnes Brett mit Nägeln, Leim oder Schrauben aneinander befestigten. Es war, als würde man aus einer Kiste trinken. Es ist ein nützlicher Behälter für viele Zwecke.

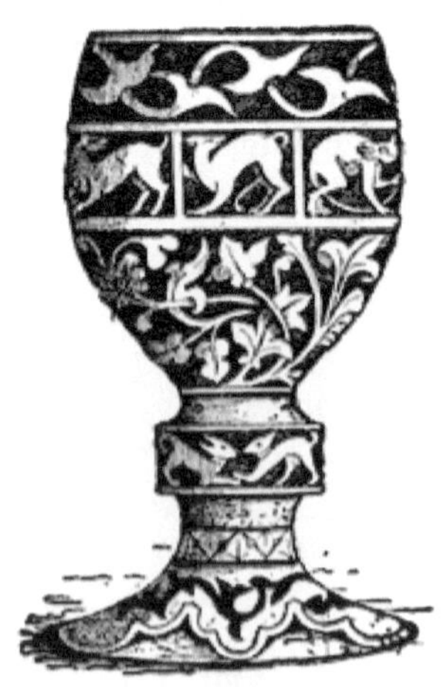

KAKAO-NUSS-BECHER.

- 89 -

Sechzehnte Lektion.

BOSSES, KNÖPFE, STANGEN UND POLIERTE VERZIERUNGEN.

ES gibt mehrere kleine Ornamenteffekte, die der Schnitzer sorgfältig studieren sollte; Sie sind allgemein auf die meisten Arten dekorativer Kunst anwendbar. Die erste davon ist die Verwendung von Vorsprüngen oder Knöpfen, von denen einige schlicht belassen und andere halbkugelförmig oder weniger geschnitzt sind. Sie können fast flach sein, sind aber am Rand immer glatt und poliert. Sie wurden in frühen Schnitz- und Metallarbeiten sehr häufig verwendet, und der Leser wird in den Werken von Hulme viele Abbildungen davon sehen. Manchmal wird der Knopf zu einem kleinen Fleck oder einem bloßen Punkt, der dazu dient, Licht in einen dunklen Grund zu bringen. Die praktische Theorie besagt, dass der Knopf den schlichten oder ornamentalen Kopf eines Nagels darstellt, mit dem das Werk an der Wand befestigt wird, oder die Nieten einer Rüstung , die die Goten von Kettenhemden auf Leinen- und Wollmäntel übertragen haben . Aber der wahre Grund ist die Einführung von Lichtpunkten.

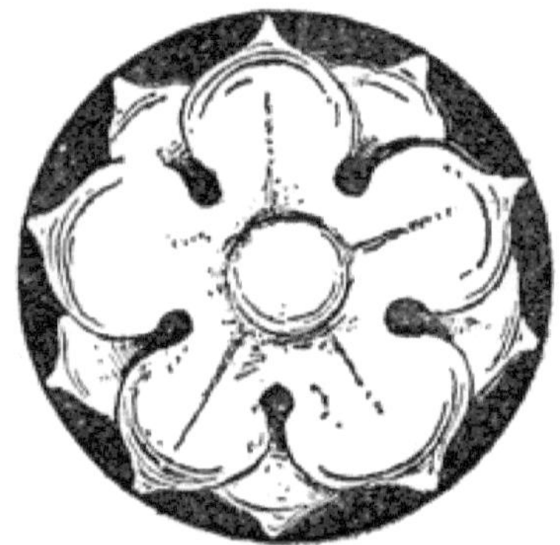

Abb. 59.

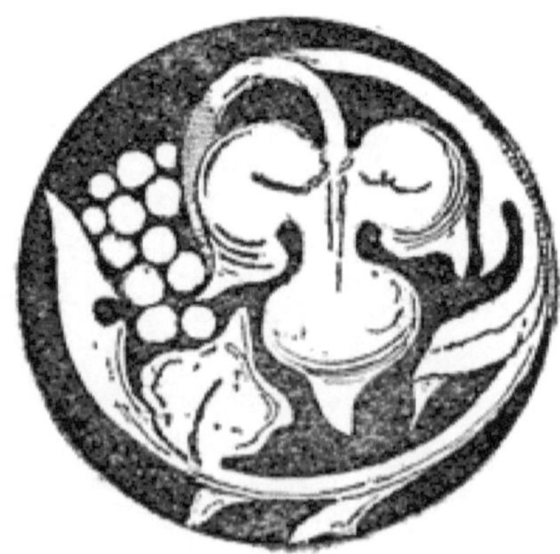

Knöpfe oder Noppen können überall dort platziert werden, wo zwischen den Mustern große Abstände bestehen. Die Regel für deren Anwendung besteht darin, entweder ein paar große oder viele kleine Punkte zu verwenden; Sie müssen jedoch sparsam eingesetzt werden. Das Prinzip ihrer Einführung ist sehr weitreichend. Daher werden bei allen Arten von Arbeiten, insbesondere Metall, Weintrauben, Melonen und anderen Früchten, ausschließlich deshalb eingesetzt, um durch ihre Rundung und Politur Lichtpunkte oder „Glanzkörper" zu bilden. Alte geprägte Arbeiten aus Leder und Holzschnitzereien verdanken ihre Schönheit oft dem Glanz, den die darauf befindlichen Reliefs durch die Zeit und den Gebrauch erhalten haben. Natürlich sollte der Einsatz von „Glänzern" oder Vorsprüngen und von glatt polierten Reliefs aller Art grundsätzlich sparsam, untergeordnet und umsichtig erfolgen.

Dennoch werden bei bestimmten Arten von Arbeiten, insbesondere bei vielen Flachschnitzereien, bei denen lediglich eine Oberfläche ohne großen Arbeitsaufwand verziert werden soll, wie dies bei Fliesen oder Wandteppichen der Fall sein könnte, die Stängel und Teile der Blätter oder manchmal alle verwendet Das Muster kann so hoch wie möglich poliert werden, um ein Relief auf dem dunklen Untergrund zu schaffen. Der Boden wird gestochen, gestanzt oder gepunktet, um ihn dunkel zu machen, und wenn das Öl in die Löcher eindringt, werden sie dauerhaft dunkler. Deshalb soll das Muster kontrastreich sein; und wenn der Gegenstand nur einen allgemeinen dekorativen Effekt haben soll, nicht perfekt fertiggestellt, sondern wie eine Skizze, kann er poliert werden.

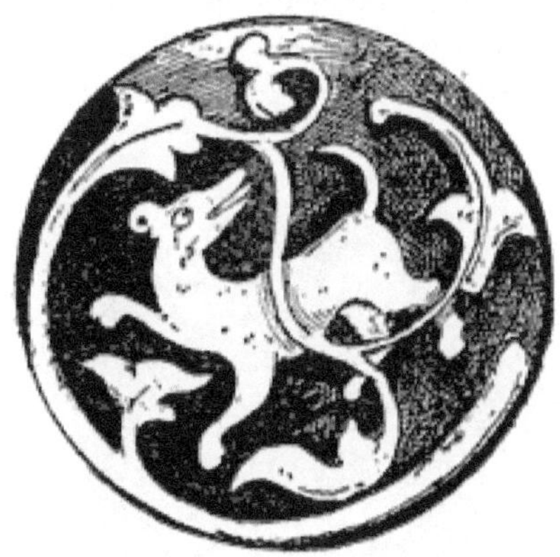

Abb. 61.

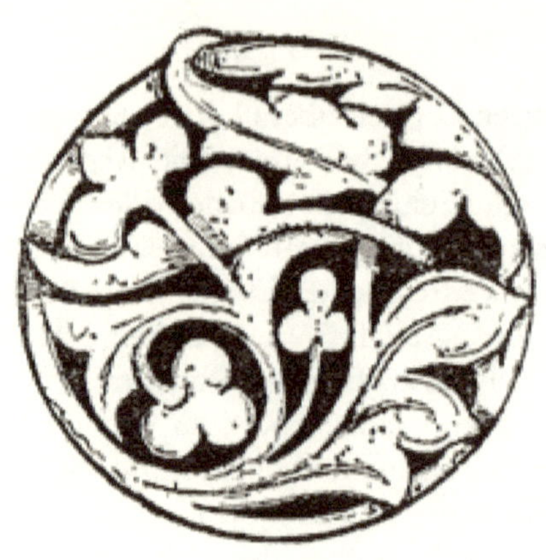

Abb. 62.

Es gibt einen weiteren merkwürdigen Effekt, wenn man das Muster allein oder den Boden allein mit Balken, Linien oder Streifen kreuzt. Es war einmal sehr häufig. Beim Schnitzen kann es mit einer kleinen Hohlkehle oder Riffelung hergestellt werden ; Obwohl es nicht natürlich ist, außer dort, wo es in langen und kurzen Linien dargestellt wird, um die Maserung des Holzes darzustellen, hat es einfach deshalb eine gute Wirkung, weil es den Schatten gleichmäßig verteilt. Es wurde wahrscheinlich von der Wirkung der „Rippen" in Stoffen abgeleitet, die von den venezianischen Malern sehr bewundert wurden.

Türklinken sind im Grunde genommen Vorsprünge, das heißt, die gleiche Verzierung kann auf beide angewendet werden, wie auf Griffe für Kommoden, Schränke und andere Möbel. Feigen. 59 bis 62 geben dem Schüler einige Beispiele und Ideen zum Schnitzen von Knöpfen und Noppen.

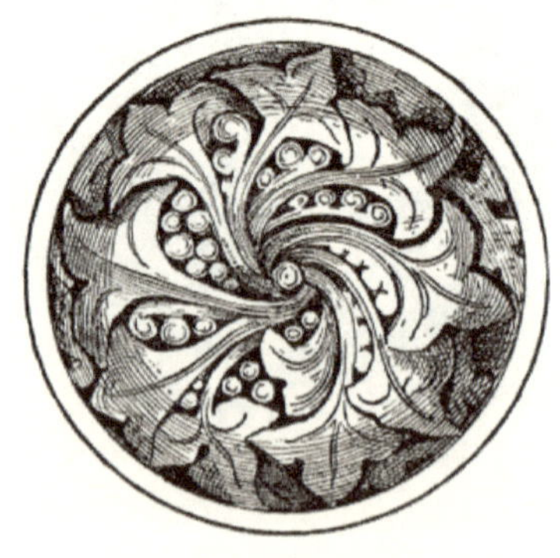

SIEBZEHNTE LEKTION.

REPARATUR VON HOLZSCHNITZEREIEN – KLEBER –
Salpetersäurekleber – VERFALLES HOLZ VORBEREITEN –
KÜNSTLICHES HOLZ – FÜLLSTOFFE – SPRÜHEN – DEN
KLEBER „HALTEN" MACHEN.

ES manchmal, dass er aufgrund von schlechtem Holz oder aus Versehen ein Stück von seinem Werk abspaltet oder abbricht. In diesem Fall muss er auf Leim zurückgreifen. Dieses sollte von allerbester Qualität, vollkommen hell und sauber sein. Leim wird in einem Gefäß hergestellt, das von Alchemisten als *„balneum mariæ"* bezeichnet wurde . Dabei handelt es sich um ein Gefäß mit heißem Wasser, in dem sich ein kleineres Gefäß befindet. Der Leim, der sich im Innentopf befindet, soll daher durch die Hitze von warmem Wasser und nicht direkt durch das Feuer zum Kochen gebracht werden. Brechen Sie es vor dem Kochen in sehr kleine Stücke, etwa in der Größe einer Haselnuss, und lassen Sie es zwölf Stunden lang in kaltem Wasser stehen. Es wird jetzt wie ein dickes Gelee sein. Gießen Sie das gesamte nicht aufgesaugte Wasser ab, geben Sie das Gelee in den Innentopf, füllen Sie den Außentopf mit Wasser und lassen Sie es kochen, bis der Kleber wie eine dicke Creme aussieht. Benutzen Sie es in diesem Zustand.

Wenn Sie dem Leim, während er noch flüssig ist, etwas Salpetersäure hinzufügen, etwa einen Teelöffel bis einen halben Liter Leim, erhalten Sie einen sehr hochwertigen Zement, der schneller hält als der einfache Leim und viel weniger anfällig ist reißen oder spalten. Es trocknet langsamer, was es sehr wertvoll für Furniere und für große Flächen macht, wo der Leim oft trocknet, bevor der gesamte Kleber aufgetragen werden kann. Auch hier ist es oft nahezu unmöglich, einen mit herkömmlichem Kleber befestigten Artikel wieder mit demselben Kleber zu verkleben. Mit dem angesäuerten Leim geht das aber ganz einfach.

Der größte Vorteil dieses Klebers besteht darin, dass er, wenn er vor Luft geschützt aufbewahrt wird, mindestens ein Jahr lang in flüssigem Zustand bleibt und kalt verwendet werden kann. Seine Nachteile sind ein sehr stechender und unangenehmer Geruch und die Tatsache, dass der Korken beim Verkorken mit hoher Wahrscheinlichkeit an der Flasche festklebt und zum Herausnehmen zerbrochen werden muss, sodass ein neuer Korken erforderlich ist. Dies kann jedoch mit großer Sorgfalt vermieden werden. Rühren Sie die Säure mit einem Glasstab oder einem Glasrohr in den Kleber ein.

Es kann vorkommen, dass selbst im besten Holz eine morsche, kaputte Stelle zu finden ist; oder der Schnitzer kann in den Besitz eines alten, wurmstichigen, halb verfallenen Schnitzwerks gelangen, und mit sehr wenig Geschick können solche Stücke perfekt repariert werden. Nehmen Sie ein Stück ähnliches Holz und zerkleinern Sie es mit einer Raspel zu feinem Sägemehl. Für diesen Zweck eignen sich amerikanische Walnüsse und dunkle alte Eichen oder Kokosnussschalen, die sich leicht im Mörser zermahlen lassen. Machen Sie daraus eine Paste mit Leim und reparieren Sie damit alle kaputten Stellen. Bei richtiger Herstellung ist es dem Holz selbst sehr ähnlich und kann in jede beliebige Form gebracht werden . Es „saugt" sich am Boden fest, und wenn es trocken ist, kann es gleichmäßig mit dem Rest gefeilt werden. Es kann auch problemlos geschnitten oder in Form gebracht oder sogar geschnitzt werden. Ist zu wenig Kleber drin, bricht es zu leicht, ist zu viel, wird es zu glasig. Aber eine richtige Mischung macht es ganz ähnlich wie Holz.

Kratzer und zufällige Schnitte können durch bloßes Schmelzen mit heißem Wasser behoben werden. Doch bei solch kleinen Mängeln ist ein *Spachtel* sinnvoll. Hierbei handelt es sich um eine Art Farbe oder flüssigen Zement, dessen Aufgabe es ist, die Poren bestimmter grober Hölzer zu füllen und die Oberfläche feiner zu machen. Das im Kapitel Formenbau beschriebene Presswachs ist ein Füllstoff. Andere werden durch Mischen von Mehl mit Lack usw. hergestellt. Jeder Händler für Farben und Lacke liefert einen für jede spezielle Arbeit geeigneten Füllstoff.

Wenn ein Stück Holz so stark verrottet ist, dass es völlig auseinanderfällt und nicht einmal mehr gehandhabt werden kann, kann es durch den folgenden Prozess konserviert und saniert werden. Nehmen Sie etwas dünnen Leim und Wasser oder Schleim oder Leim jeglicher Art und ein *Spray* , das heißt einen dieser Artikel, wie sie zum Zerstäuben von Parfümen usw. verwendet werden und die in den meisten Apotheken erhältlich sind. Sprühen oder streuen Sie den Kleber über die Figur und streuen Sie bei Bedarf nach und nach feines Sägemehl oder anderes Pulver darauf . Während es trocknet, kann es freier geformt und bearbeitet werden.

In den Zeitungen lesen wir ständig von der Öffnung alter Gräber und alter unterirdischer Höhlen, in denen tote Körper, Knochen, Kleider, Geräte aus Knochen und Holz oder Leder oder sogar aus verbrannter Erde entdeckt werden, die nach und nach in Staub zerfallen nachdem es der Luft ausgesetzt wurde. Und ich habe noch nie einen Fall erlebt, in dem diese Objekte nicht hätten konserviert werden können; sicherlich alles, was ich je gesehen habe, hätte es sein können. Alles, was Sie tun müssen, ist, eine dünne Masse herzustellen, diese ganz allmählich auf die Gegenstände zu sprühen oder zu streuen und sie nach und nach trocknen zu lassen. Es gibt nur sehr wenige Fälle, in denen das Spray tatsächlich nicht erfolgreich eingesetzt werden kann. Durch die Anwendung dieses Prinzips bewahrte Sir Joseph Hooker die von Sir Austen H. Layard aus Ninive mitgebrachten Elfenbeingegenstände, die ohne ihn untergegangen wären. Er empfahl, sie in Gelatine zu kochen . Der Student, der ein Experte für solche Reparaturen wird, wird viel zu tun finden, und es ist seine eigene Schuld, wenn es sich nicht lohnt. Neunzehn von zwanzig Menschen haben nicht die geringste Vorstellung davon, inwieweit Reparaturen durchgeführt werden können. Vor einigen Jahren besaß ein Herr in Amerika eine sehr merkwürdige und wertvolle Vase aus der Pyramide von Cholula in Mexiko. Es war sehr zerbrechlich, da es aus der schwächsten Terrakotta bestand, und da es in Stücke zerbrochen war, wollte der Besitzer es wegwerfen, gab es mir aber. Einige Monate später reparierte ich es so perfekt, dass selbst bei näherer Betrachtung kein Fehler darin zu erkennen war. Ich tat dies, indem ich Papierstücke auf der Innenseite mit Gummi befestigte und so die Fragmente nach und nach Kante an Kante zusammenfügte und sie mit dem angesäuerten Kleber befestigte. Als alle zusammen waren, gab es natürlich eine Auskleidung aus Papier. Wo es außen einen Fehler oder einen Mangel gab, füllte ich ihn mit Gips auf, rieb alles gleichmäßig und färbte ihn durch „Einreiben" mit Farbe ein. Mit verrottetem Holz wäre dieser Vorgang viel einfacher gewesen.

Wenn Sie gewöhnliches Holz zusammenkleben, erhitzen Sie zunächst die beiden Teile. Dadurch neigen sie eher dazu, den Kleber „anzunehmen". Manchmal ist es schwierig, sie zusammenzuhalten, bis sie „aushärten", also so fest haften, dass sie halten. Hierfür kann häufig die Klemme, Abb. 7 *a* , verwendet werden. In anderen Fällen nehmen Sie zwei Holzstücke, legen eines auf jede Seite der zu verklebenden Teile und binden sie fest zusammen; Manchmal können Klammern zum Verbinden der Verbindungsstücke verwendet werden, wenn diese für das zu klebende Objekt nicht geeignet sind. In manchen Fällen können starke Gummiringe oder gummierte Papierstreifen verwendet werden. Aber durch Nachdenken kann im Allgemeinen der Einfallsreichtum geweckt werden, um einem aus solchen Schwierigkeiten herauszuhelfen.

Eine sehr perfekte Ähnlichkeit mit geschnitztem Holz kann hergestellt werden, indem man Kokosnusspulver oder feines Sägemehl nimmt und es mit dem angesäuerten Leim mischt, um so eine Paste herzustellen, wie bereits beschrieben. Nachdem Sie dann eine Form aus Gips oder versenktem oder eingeschnittenem Holz vorbereitet und geölt haben, nehmen Sie den Abdruck. Diese retuschierten und mit Glaspapier versehenen Abgüsse ähneln Holz und können zur Dekoration von Türen verwendet werden.

Im Folgenden finden Sie auch hervorragende Rezepte für Kleber.

Flüssigkleber. Nehmen Sie drei Teile des besten Klebers, geben Sie sie in acht Teile Wasser und lassen Sie sie einige Stunden einweichen. Nehmen Sie einen halben Teil Salzsäure (Salzsäure) und dreiviertel Teil Zinksulfat, fügen

Sie dazu den Leim hinzu und halten Sie das Ganze bei mäßig hoher Temperatur, bis es flüssig ist.

Äußerst starker Zement für Glas und Porzellan . Nehmen Sie Gummi arabicum und lösen Sie es in Essigsäure statt in Wasser auf. Es muss an einem heißen Ort geschmolzen werden; es wird viel stärker sein, wenn dies getan wird. Blattgelatine höchster Qualität ergibt einen transparenten Kleber.

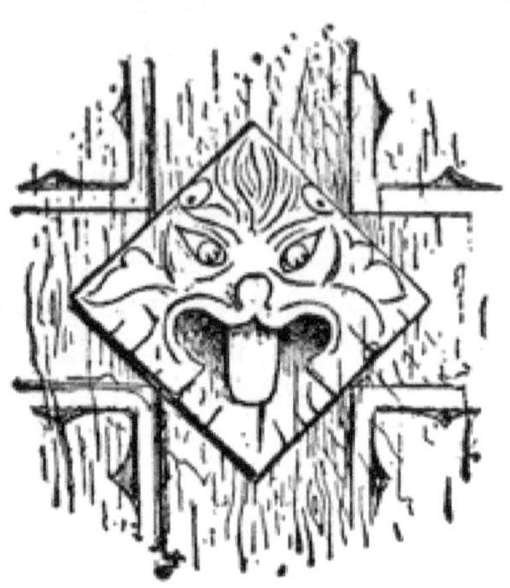

ACHTZEHNTE LEKTION.

FÄRBEN VON HOLZARBEITEN – ÖLEN – SODA – BEIZEN UND
FARBSTOFFE – ELFENBEINIERENDE OBERFLÄCHEN –
SCHWARZE FARBSTOFFE UND TINTE.

GESCHNITZTES oder anderes Holz wird oft gefärbt, gebeizt oder getönt.
Manchmal geschieht dies, um ein Teil oder Teil mit einem anderen
zusammenzubringen. Oder es geht darum, die Wirkung des Alters
nachzuahmen oder hellen Hölzern eine Farbe zu verleihen , die verhindert,
dass sie Mängel aufweisen. Dies geschieht auf vielfältige Weise.

das Ölen ist eine Art Färben , denn jedes geölte Holz wird in Kürze deutlich
dunkler. Je häufiger mit einem Kiefernholzstab eingerieben wird, desto
härter und dunkler wird die Oberfläche. Ich habe Walnusstische gesehen, die
so mit einem Stock oder einer harten Scheuerbürste gerieben wurden, bis
eine außen mit heißem Wasser befeuchtete Teetasse keine Spuren mehr auf
ihnen hinterließ. Wären sie nur leicht geölt, gestrichen oder lackiert worden,
wäre ein unauslöschlicher Fleck entstanden. Es sollte darauf geachtet
werden, dass das Öl rein ist und *kein Wachs* darin gekocht wurde. Ein Tisch,
auf dem zum Polieren Wachs aufgetragen wurde, weist immer Spuren oder
Flecken von heißem Wasser auf.

Natron , das mit einem Schwamm oder Pinsel auf das Eichenholz
aufgetragen wird, verleiht ihm einen dunkleren Farbton, der durch mehrere
Anwendungen verstärkt werden kann. Sinnvoll ist auch dunkler Tee mit
etwas Alaun, ebenso Porter oder Bier, auch ein Sud aus Walnussblättern. In
Amerika ergibt Butternuss einen sehr reichhaltigen, unauslöschlichen
Farbstoff. Bitte beachten Sie, dass bei der Verwendung dieser oder anderer
Farben die folgenden Regeln strikt eingehalten werden müssen. I.
Verwenden Sie einen Schwamm oder Pinsel und tragen Sie die Farbe nicht
zu stark auf oder gießen Sie sie nicht auf, da sonst die Gefahr besteht, dass
sich das Holz verzieht oder splittert. II. Es kann ratsam sein, es in der Nähe
eines Feuers zu trocknen. Achten Sie in diesem Fall jedoch darauf, dass die
Hitze nicht zu groß wird. III. Nach dem Trocknen reiben Sie die Farbe mit
einem Lappen, einer weichen alten Zeitung oder einem Fensterleder ab.
Gehen Sie dabei sehr vorsichtig vor und seien Sie nicht enttäuscht, wenn es
sehr hell erscheint und Sie nur wenig Farbstoff aufgenommen haben. Tragen
Sie die Farbe erneut auf und lassen Sie zwischen den Schichten ausreichend
Zeit zum Trocknen. Dies hängt natürlich von den verwendeten Farbstoffen
und dem gewünschten Farbgrad ab .

Stephens' Beizen verschiedener Art, um alle Arten von Holz zu imitieren,
oder die von *Mander* (Oxford Street, London) sind sehr gut und können jetzt

in jeder Stadt gekauft werden. In der Regel sind die meisten dieser Farbstoffe sehr stark, daher ist es notwendig, sie mit Wasser zu verdünnen und mehrmals aufzutragen, anstatt die gesamte Stärke auf einmal aufzutragen. Die verdünnte Farbe wird mit einem flachen Kamelhaarpinsel sorgfältig vollflächig aufgetragen, in den Ecken und kleineren Vertiefungen kommt ein kleinerer Rundpinsel zum Einsatz. Nach der Anwendung von Farbstoffen und wenn das Holz vollkommen trocken ist, sollte es geölt werden.

Ammoniak. Holz, und insbesondere Eiche, kann nicht nur durch sorgfältiges Waschen mit Ammoniak oder Hirschhornspiritus und anschließendes Aussetzen für einige Zeit in einem Schornstein oder auf andere Weise in einer sehr dunklen, satten Farbe gebeizt werden, um den Effekt des Alters hervorzurufen Rauchentwicklung, insbesondere von Holzfeuern, wenn möglich. Starker Ammoniakgeist kann laut Rowe in ein offenes Gefäß gegeben und dann mit der Platte in einer luftdichten Kammer oder Kiste verschlossen werden, wobei das Holz mit der Zeit, in der es verbleibt, dunkler wird. Das Ammoniak muss möglicherweise sein erneuert, da es schnell verdunstet. Für kleine Arbeiten kann ein Glasschirm verwendet werden, oder es kann eine Schachtel mit einem Glasdeckel angefertigt werden, und nachdem die Platte und die Untertasse mit Ammoniak hineingelegt wurden, können die Spalten mit braunem Papier überklebt werden. Wenn die durch das Glas sichtbare Farbtiefe erreicht ist, kann die Platte herausgenommen werden. Das Holz muss so platziert werden, dass das Ammoniak die Stellen, die abgedunkelt werden müssen, gut umströmen kann. Für gewöhnliche Zwecke reicht es jedoch völlig aus, starkes Ammoniak mit einem Pinsel oder Schwamm aufzutragen und es dem Rauch auszusetzen.

Umber. Gewöhnliches Umbrapulver, das vom Anstreicher verwendet wird, ist der Schweizer braunen Flüssigbeize weitaus vorzuziehen, um ein antikes braunes Aussehen zu erzielen. Der Schweizer Farbstoff ist viel zu reichhaltig und gleichmäßig, sodass alles genau gleich oder schokoladenähnlich ist. Aber die Umbra muss richtig aufgetragen werden. Mischen Sie es mit Bier oder Porter; starker Kaffee ist auch sehr gut; und mit einem Pinsel auftragen. Nach dem Trocknen sehr sorgfältig verreiben, reinigen und erneut auftragen. Wenn Sie das Holz sehr dunkel machen möchten, fügen Sie dem Farbstoff Lampenschwarz hinzu, mischen und schütteln Sie ihn gründlich. Aber lassen Sie die ersten Anwendungen immer nur aus Umbra bestehen. Durch die Zugabe von Lampenruß kann man das Holz fast bis zur Schwärze verdunkeln, und wenn man es sehr sorgfältig und nicht in Eile macht und es in regelmäßigen Abständen an einem warmen Ort dem Rauch aussetzt, kann man so eine unvergleichliche Farbe erhalten.

Malen. Holz, das der Luft ausgesetzt werden soll, muss selbstverständlich in üblicher Weise gestrichen werden. Es gibt jedoch eine andere Methode zum Auftragen von Ölfarbe, die zwar nicht so allgemein bekannt oder praktiziert ist , aber dennoch sehr gute Ergebnisse liefert. Dabei wird *Farbe* mit der Hand in Holz oder auf Gips, Pappmaché oder Stein gerieben. Da es viel dünner ist als bei mit dem Pinsel aufgetragenen Schichten, wirkt es eher wie eine angeborene oder natürliche Farbe . Dies war die Fingermalerei der alten venezianischen Künstler. Das so erzeugte Erscheinungsbild unterscheidet sich bei geschickter Ausführung tatsächlich stark von dem eines gewöhnlichen Anstrichs und ist in den meisten Fällen viel attraktiver.

Elfenbeinfarben . Nehmen Sie eine Platte, das Muster kann geschnitzt oder sogar im tiefsten Relief erzeugt werden, indem Sie einfach den Umriss mit einem Rad oder einem Zeichenstift eindrücken. Jede Art von Erleichterung ist jedoch genauso gut. Tragen Sie eine dicke Schicht gewöhnlichen Copal-Lack auf. Nach dem vollständigen Trocknen mit feinstem Glas- oder Schmirgelpapier glätten. Tragen Sie dann die Farbe auf; Zwei oder drei Schichten sind besser als eine. Achten Sie darauf, dass der Leisten vollkommen glatt ist. Anschließend bearbeiten Sie die trockene Oberfläche mit Markierungsfaden und Stempeln, wie Sie es auch auf Holz oder Messing tun würden. Wenn Sie fertig sind, nehmen Sie einen sehr kleinen Fitch-Pinsel und malen Sie Vandyke-Braun auf alle Punkte, Linien, Kratzer und Unregelmäßigkeiten. Lassen Sie nahe dem Umriss des Musters eine dunkle braune Linie entstehen. Manchmal ist der gesamte Boden mit Braun *berieben* , so dass hier und da ein Hauch oder ein paar weiße, gelbe Punkte sichtbar sind. Nach dem Trocknen zwei Schichten Retuschierlack auftragen (der von Söhnee Frères, Nr. 19, Rue des Filles du Calvaire , Paris, ist für diese Arbeit besonders geeignet). Durch die Verwendung von Oliv-, Dunkel- und Hellgrüntönen lässt sich so eine schöne Bronzeimitation erzielen. Tatsächlich können wir durch die Untersuchung der Farbeffekte bei vielen Arten alter Gegenstände Hinweise darauf erhalten, wie wir ganz gewöhnliche Holzschnitzereien in schöne Gegenstände umwandeln können.

Kalibichromat , mit Wasser auf den gewünschten Farbton verdünnt, ist ein guter dunkler Farbstoff, aber es sollte sehr darauf geachtet werden, dass kein Tropfen davon auf die Kleidung gelangt oder an die Hände gelangt oder sogar seine Dämpfe eingeatmet wird. denn es ist ein Gift. Tragen Sie es mit einem Pinsel auf.

Schwarze Farbstoffe. In den letzten Jahren wurden schwarze Farbstoffe so stark verbessert, dass Ebenholz mit Stechpalme, Hickory und Buche in absoluter Perfektion imitiert wird. Der beste Weg für den Schnitzer, was diese und alle Arten von Farbstoffen wie Rot, Gelb, Grün usw. betrifft, ist, sich an einen Chemiker oder Färber zu wenden, der sie für ihn besorgen wird. Für Schwarz können die folgenden Rezepte verwendet werden.

ICH.

Weißweinessig	1 Pint.
Eisenspäne	2 Unzen.
Antimon (pulverisiert)	2 Unzen.
Vitriol	1 Unze.
Blockholz	3 Unzen.

Acht Tage lang in einer verkorkten Flasche ziehen lassen.

II.

Gallnüsse grob gebrochen	2 Unzen.
Regenwasser	1 Viertel.

Auf die Hälfte einkochen. (*Seaton.*)

Zum Beizen von Holz zuerst Nr. II. auftragen, nach fast trockener Zeit Nr. I. und dann Nr. II auftragen . wieder. Dem Leser wird klar, dass es sich tatsächlich um Tinte handelt, und wenn er tatsächlich keinen Fleck bekommen kann, reicht es auch aus, wenn er einige Male gute, gewöhnliche Tinte aufträgt und gut trocknet. Nachdem es gründlich aufgetragen wurde und völlig trocken ist, ölen Sie die Oberfläche und reiben Sie sie gut ab. Sie werden feststellen, dass sie sich durch gelegentliches Auftragen von Wasser nicht abwaschen lässt. Einige der heute hergestellten Schreibtinten sind intensiv schwarz und nahezu unauslöschlich.

NEUNZEHNTE LEKTION.

HERSTELLUNG VON FORMEN ODER QUEZES FÜR HOLZSCHNITZER.

Jedem Holzschnitzer wird sehr bald klar werden, dass es einfacher ist, ein Modell nachzuahmen als eine Zeichnung, und dass diese Leichtigkeit noch viel größer ist, wenn er dieses Modell selbst aus Ton angefertigt hat . Es ist jedoch auch sehr ratsam, dass er sich nach einiger Zeit auch im Schnitzen nach Zeichnungen und Skizzen übt , da dies an sich schon große Geschicklichkeit und Genauigkeit der Wahrnehmung vermittelt. Aber er wird sehr oft Kopien von Schnitzereien oder Abgüssen benötigen oder wünschen, und diese kann er leicht erhalten, wenn das Relief nicht zu groß oder der Gegenstand zu groß ist. Dies nennt man „einen Druck ausüben" und kann auf zwei Arten erfolgen. Zum einen durch Quetsch- oder Modellierwachs, das von Künstlerbedarfshändlern vertrieben wird. Die Verwendung dieses und der Abguss in Gips ist für Schnitzanfänger jedoch meist ermüdend. Für alle praktischen Zwecke reichen Papierquetschungen vollkommen aus.

Papier quetscht. Nehmen Sie weiche Zeitungspapier. Ölen Sie den Holz- oder Gipsabdruck, den Sie kopieren möchten; Das Papier einweichen, dann andrücken und mit den Fingern und einem Schwamm oder einer sehr steifen Bürste in jede Ritze des Originals stechen und es zusammendrücken. Wenn dies *sorgfältig* durchgeführt wird , ist der schwierigste Teil der Arbeit erledigt. Nun bestreichen Sie das Papier mit einem Pinsel aus Mehlkleister oder Gummi oder Schleim oder einem mit Leim verstärkten Kleister und drücken Sie neue Papierstücke an. Um das Original lediglich zu kopieren, genügen einige Dicken. Nehmen Sie den Auspresser ab und lassen Sie ihn trocknen; ggf. mit Farbe nachbessern . Hierzu sollte die erste Schicht aus *weißem* Papier bestehen. Um einen Abdruck herzustellen, fügen Sie so lange Papier hinzu, bis das Ganze mindestens einen halben Zoll dick ist. Drücken Sie so fest wie möglich darauf, während Sie die Form formen . Wenn es trocken ist, können Sie die Innenseite mit einem beliebigen Trockenpulver, beispielsweise Schlichte, bemalen oder einreiben oder lackieren und dann einen Abdruck aus dem gleichen Material, also Papier und Kleister, oder mit Gips anfertigen. Papiermaché - Abgüsse bilden, wenn sie von Hand mit brauner Farbe eingerieben werden, perfekte Nachbildungen alter Holzarbeiten. Mit Bronzepulver eingerieben ähneln sie Metallen oder können nach dem im Kapitel über Farbstoffe beschriebenen Verfahren elfenbeinfarben sein.

Gipsverbände brechen sehr leicht, sind schwer und schwer zu transportieren. Wachs verdirbt schon bei Berührung und gibt bei Hitze leicht nach. Wenn Papiermaché richtig gehandhabt wird , erhält man mit ein wenig

Übung eine Form , die für alle Oberflächen mit Ausnahme der kleinsten Oberflächen gleich ist. Im trockenen Zustand können solche Gipsverbände fallen gelassen oder wirklich herumgeworfen werden, ohne dass es zu Verletzungen kommt, und sie sind sehr tragbar. Es ist sehr oft möglich, ein Objekt einfach mit Papier zu kopieren, wenn Gips oder Wachs überhaupt nicht verwendet werden können. Der Grund dafür, dass es nicht allgemeiner verwendet wird, liegt darin, dass nur wenige Menschen sich die Mühe gemacht haben, es als plastisches Material zu behandeln, das für die Kunst geeignet ist, oder dass sie ausreichend darin geübt sind , um zu wissen, was man damit wirklich machen kann. Der Holzschnitzer sollte dies tun, da es für ihn sehr wichtig ist, Kopien seiner Werke zu behalten oder die Werke anderer für seine Entwürfe verwenden zu lassen. Mit ein wenig Übung und ohne große Kosten kann er solche Abgüsse aus einem Material herstellen, das fast so haltbar ist wie Holz selbst.

Pappmaché -Manufakturen wird der Papierbrei einfach mit der Paste oder Leim vermischt, in großen Mengen in die Formen gegeben und dann einem Druck ausgesetzt. Wenn eine gute Oberfläche mit feinem weißem Papier befestigt wird, spielt es keine große Rolle, wie grob das Papier für die *Unterlage* sein darf. Zu diesem Zweck kann es mit Werg oder Fasern jeglicher Art, Gips oder feinem Sägemehl usw. gemischt werden , solange das *Bindemittel* oder die Schlichte nur stark genug ist, um alles zusammenzuhalten. Aber für alle gewöhnlichen Zwecke genügen Altpapier und Kleister, angedickt mit gewöhnlichem Leim.

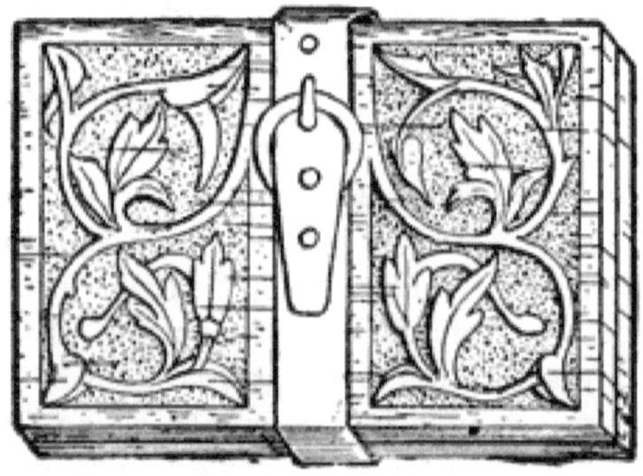

ETUI FÜR PAPIERE ODER MUSIK.

ZWANZIGSTE LEKTION.

PUNKTSCHNEIDEN.

DIES ist eine Art der Verzierung, die kaum als Schnitzerei bezeichnet werden kann und die keine besondere Erwähnung verdienen würde, wenn sie nicht so häufig verwendet würde, da sie die Hauptverzierungsmethode auf allen Inseln des Pazifiks ist und noch immer in großem Umfang praktiziert wird Schweden und Norwegen. Es besteht aus kleinen eingeschnittenen Dreiecken oder „Diamanten", die mit einer Schräge oder einem gewöhnlichen Meißel hergestellt und in Reihen oder Linien angeordnet werden. So einfach die Arbeit auch erscheinen mag, so wirkungsvoll ist sie, wenn sie künstlerisch eingesetzt wird; und es hat die Besonderheit, dass keine andere Art des Schneidens so gut geeignet ist, mit sehr geringem Arbeitsaufwand flache Oberflächen wie Paddel, Humpen, Löffel, Kriegskeulen und Schaufeln oder Schöpflöffel zu entlasten.

Der dreieckige Schnitt erfolgt mit drei Schnitten; indem wir zwei weitere aus der entgegengesetzten Richtung hinzufügen , entsteht ein Diamant, oder dieser kann auf einmal mit nur vier Schnitten hergestellt werden, Abb. 63 . Zu diesen können wir die halbkugelförmige oder becherförmige Vertiefung hinzufügen, die mit einer Fräse hergestellt wird und die, zumindest in Schottland, der früheste prähistorische Beginn der Verzierung flacher Oberflächen gewesen zu sein scheint.

Wenn diese Dreiecke und Rauten geschmackvoll in Linien angeordnet und mit einer Komposition oder Farbe ausgefüllt werden, die einen farblichen Kontrast zum Holz bildet, ist der Effekt oft hervorragend. Gewöhnlicher Kitt, in den ein wenig Mastix gut eingearbeitet wurde, oder Gips mit Leim und etwas Mehlpaste, mit einem Tropfen Öl auf eine Unze, sind für einen solchen Zweck ein guter Füllstoff. Dies kann auf jeden eingeschnittenen Schnitt angewendet werden. Aus Reis, Limette und Leim wird eine elfenbeinartige Füllung hergestellt, die in jeder beliebigen Farbe gebeizt werden kann und einst in Florenz häufig verwendet wurde.

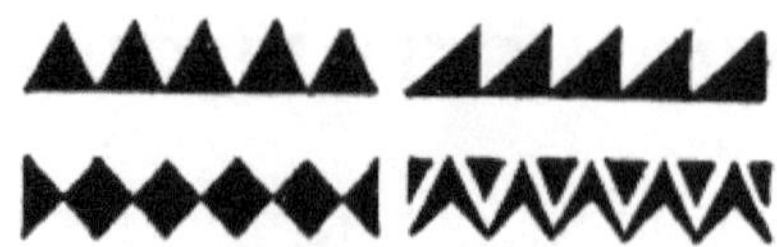

Abb. 63.

Jedes Muster, das in Linien gezeichnet werden kann, kann mit guter Wirkung in dreieckigen Punkten ausgeführt werden, wobei die Basis jedes Punktes auf der Linie liegt. Sie können entweder miteinander verbunden oder getrennt sein; Beide Methoden erzielen einen guten Effekt. Die Flecken können alle Größen haben und sind im Allgemeinen nicht größer als die oben in der Abbildung oben.

Selbstverständlich können sowohl große als auch kleine Dreiecke verwendet werden. Aufgrund der Leichtigkeit, mit der diese Flecken gemacht werden können, und der guten Wirkung, die sie erzielen, wenn sie geschwärzt werden, ist es nicht verwunderlich, dass eine so einfache Methode zum Dekorieren von Holz ausgiebig praktiziert wird .

Indem man, wie bereits erwähnt, eine Hohlröhre senkrecht aufstellt und dreht, lässt sich ganz einfach ein becherartiger Hohlraum ausschneiden. Eine Reihe davon ist oft sehr effektiv.

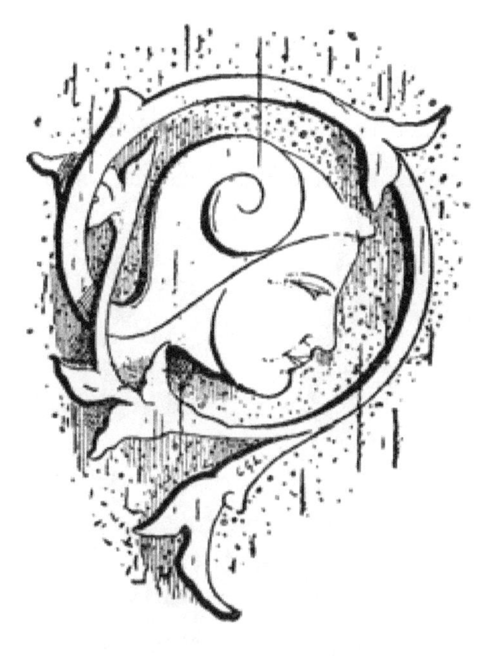

ANHANG.

OBJEKTE FÜR DIE HOLZSCHNITZEREI.

„Das Schwierigste beim Basteln ist, zu wissen, was man machen soll."

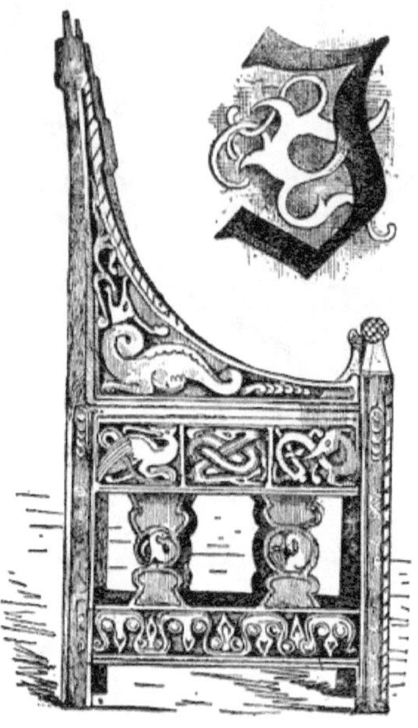

Abb. 64.

Der Holzschnitzer sollte auf keinen Fall in der Verlegenheit sein, welches Thema er bearbeiten kann, dennoch ist dies die häufigste Quelle der Klage, vor allem unter jungen Künstlern, dass sie „nicht wissen, was sie anfangen sollen". Ein Ergebnis davon ist die mühsame Herstellung von Tafeln oder „ausgefallenen Stücken" ohne bestimmtes Ziel und die ständige Nachahmung der Arbeit anderer. Leider gibt es sehr viele, die nicht verstehen oder sich keine Vorstellung davon machen können, wie ein Muster aussehen würde, wenn es ausgeführt wird. Sie werden es in einer Gravur übersehen, aber wenn sie sehen, dass es tatsächlich geschnitzt und gefertigt ist, schätzen sie es. Nun soll der Lehrer den Schülern beibringen, und die Schüler sollen sich selbst beibringen, über Themen nachzudenken, sie zu erfinden, sie zu skizzieren und auszuführen. Ich habe herausgefunden, dass alle Arbeiter in dieser Hinsicht ausnahmslos mangelhafter sind als in jeder anderen Hinsicht, und dass die Ausrichtung fast aller Kunstschulen auf der Welt entweder völlig fehlt oder viel zu wünschen übrig lässt.

Die Schüler sollten dazu ermutigt werden, jeden Gegenstand im Hinblick darauf zu betrachten, ihn zu verzieren oder zu verzieren, soweit dies möglich ist, ohne seinen Nutzen zu beeinträchtigen. In jeder Schule sollte eine Liste von Gegenständen zum Schnitzen aufgehängt werden, und die Arbeiter sollten häufig aufgefordert werden, sich Themen auszudenken, die sie der Liste hinzufügen könnten. Umrissskizzen von Möbeln und anderen Gegenständen sind beizufügen. Es ist überhaupt nicht klar, dass selbst eine sehr kleine und häufige Beschäftigung des Geistes mit Erfinden und Planen, egal zu welchem Zweck, *alle* geistigen Fähigkeiten in außerordentlichem Maße stimuliert.

Ich fordere den Holzschnitzer daher dringend dazu auf, die folgende Liste von Themen ernsthaft zu studieren, sie zu ergänzen und manchmal das eine oder andere davon zu nehmen und es mit Variationen zu skizzieren. Dabei erinnert er sich vielleicht daran, dass jeder der gegebenen Ornamente variiert und auf verschiedene Dinge angewendet werden kann, wie zum Beispiel die Rebe auf einer runden Tafel leicht an ein Quadrat angepasst werden kann. Ausführliche Anweisungen dazu finden Sie im „Handbuch des Designs" [2] zum Preis von einem Schilling, das auch viele Muster enthält, die perfekt zum Schnitzen geeignet sind.

Das erste zu berücksichtigende Thema ist: Was soll entworfen oder hergestellt werden? wie seine Oberfläche angemessen verziert werden kann; und wie man mit geringstem Aufwand den besten Effekt erzielt. Bloße Ausarbeitung wird nur von Unwissenden bewundert, und je weniger gebildet ein Schüler ist, desto eher neigt er zu dicht gedrängten, kleinlichen Mustern.

Wenn der Schüler einen Entwurf für eines der in diesem Kapitel beschriebenen Objekte wünscht und wenn er überhaupt zeichnen kann und über die Fähigkeit verfügt, ein Muster anzupassen oder zu ändern, beispielsweise um eines zu erstellen, das ein Dreieck oder ein Quadrat ausfüllt B. in einen Kreis „anordnen" oder zu einer langen Tafel oder einem Rand ausdehnen, wird er für jedes davon etwas finden, entweder in diesem Buch oder im bereits erwähnten „Manual of Design". Lassen Sie ihn sich auch die Mühe machen, so viele Muster aller Art wie möglich zu sammeln und sie als Referenz in einer Mappe aufzubewahren.

Jeder Schüler der Holzschnitzerei sollte sich daran erinnern, dass er, wenn er einen Klappspiegel hat, den er selbst herstellen kann, indem er einen quadratischen Spiegel von beispielsweise 15 x 12 Zoll in zwei Teile schneidet, nach jedem Muster in diesem Buch arbeiten kann , oder aus irgendeinem einfachen Ornament was auch immer, machen Sie (mit der geringsten Anstrengung von Einfallsreichtum oder Anpassungsfähigkeit) einen Rand, indem Sie ihn nacheinander wiederholen, oder ein zentrales Ornament, das ganz oder teilweise *bis ins Unendliche vervielfacht werden kann* . Das heißt, er kann jeden beliebigen Raum ausfüllen, sei es eine Tafel, eine Decke, ein Kreis, ein Dreieck oder ein Sechseck. Oder er kann solche Räume füllen, indem er einfach Ornamente aus Pappe ausschneidet und sie zu Ranken oder Auswüchsen zusammenfügt.

Panels. Unter einem Paneel versteht man ein Brett mit umlaufendem Rahmen. Das Wort leitet sich vom altenglischen *Panel ab* , einem Stück Stoff, lateinisch *pannus* , „ein Tuch oder ein Flicken"; aus dem gleichen Wort haben wir *pane* . In der Holzschnitzerei wenden wir es praktisch auf kleine Bretter an, die in Möbel, Wände oder Decken eingelassen oder zu Buchumschlägen oder Kistendeckeln verarbeitet werden sollen. Die Einsatzmöglichkeiten von Paneelen sind unbegrenzt, da sie in nahezu jede Art von Möbeln eingesetzt werden können, beispielsweise in die Rückenlehnen und Seiten von Stühlen, Truhen, Bettgestellen, Schatullen, Fenster- und Gartenkästen, Türen oder überall dort, wo eine flache Oberfläche geschmückt werden kann . Wenn es mit einem Rahmen oder mehreren Leistenstreifen umgeben ist, wird jede Platte besser, wenn der äußere Rahmen nicht übertrieben wird. In der Regel sollte der Rand einer Platte glatt sein, um das Muster deutlich zu definieren oder hervorzuheben. Aus diesem Grund kommen viele sehr gewöhnliche und sogar unhöfliche Motive „heraus" oder sehen gut aus, wenn sie so „montiert" werden. Eine Reihe geschnitzter Tafeln ergibt einen wunderschönen Fries für jeden Raum. Eine gute allgemeine Größe für die meisten Arbeiten ist eine etwa 15 x 12 cm große Platte mit einer Dicke von einem halben Zoll. Beim *Platzieren* einer Tafel zur Verzierung kann der Schüler damit beginnen, einen Kreis in der Mitte und einen in jeder Ecke zu zeichnen, sodass die fünf den gesamten Raum ausfüllen können. Verwandeln Sie diese in eine Ranke und bringen Sie Ornamente an. Natürlich gibt es unzählige Variationen dieses Prinzips. (Weitere Informationen finden Sie im „Manual of Design".)

Stühle. Nehmen Sie einen beliebigen Stuhl, kopieren Sie ihn und füllen Sie dann die Räume mit den zu schnitzenden Ornamenten. Große, quadratische, hochlehnige, altmodische Stühle lassen sich mit den meisten Täfelungen versehen und können von jedem Tischler oder Tischler angefertigt werden, *siehe* Abb. 69 . Es ist eine sehr gute Idee, solche Objekte immer in Stücke zu schneiden, sie einzeln zu schnitzen und sie dann zusammenzusetzen. Für Anfänger und diejenigen, die nicht viel Erfahrung im Tischlerhandwerk haben, kann man feststellen, dass es eine sehr umfangreiche Möbelart gibt, die einst in Deutschland sehr häufig hergestellt wurde und in den letzten Jahren stark wiederbelebt wurde. Die Herstellung erfolgt völlig ohne Kleber, Nägel oder Schrauben, indem einfach Löcher geschnitten werden, in die Zapfen oder *Enden* hineinragen, die auf der anderen Seite durch Löcher und Stifte befestigt werden.

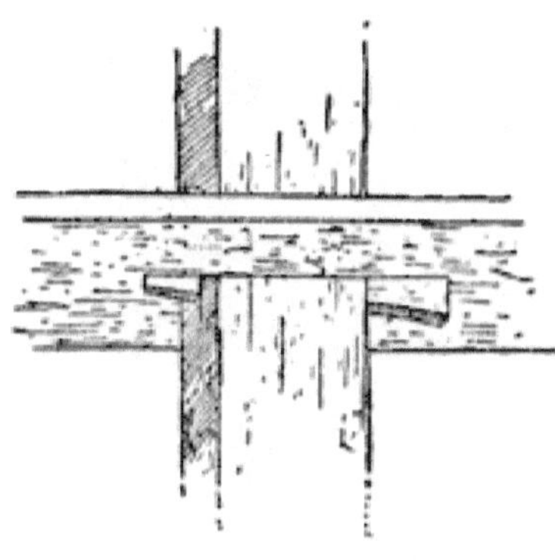

Abb. 65.

Nach diesem Prinzip kann jede Art von Möbel von jedem Mann hergestellt werden, der genug Einfallsreichtum hat, einfach Bretter auszumessen, quadratische Löcher zu schneiden und Stifte daran anzupassen. Solche Artikel, die nach diesem Verfahren hergestellt werden, sind sehr viel stärker als alle anderen und haben den großen Vorteil, dass sie bei Nichtgebrauch leicht auseinandergenommen, verpackt oder auf sehr kleinem Raum aufbewahrt werden können; und der Stil passt natürlich eher zum Schnitzen als zu gewöhnlichen Möbeln. Der Schriftsteller besitzt in seinem Besitz 250 Jahre alte Stühle, die nach diesem Prinzip hergestellt wurden. Der Sitz ist ein fast zwei Zoll dickes Quadrat, in das vier Löcher gebohrt sind, in die die Beine einfach eingesetzt werden, wie bei einem Melkhocker. Zwischen den Hinterbeinen sind zwei quadratische Löcher geschnitten, in die ähnliche Zapfen am unteren Ende des Rückens eingesetzt werden. In diese Zapfen werden genau auf der anderen Seite des Sitzes zwei Vierkantlöcher geschnitten, in die Vierkantstifte eingetrieben werden, Abb. 65 . Mit ein wenig Einfallsreichtum oder Willen kann es jeder schaffen, jedes Möbelstück nach dem gleichen Prinzip herzustellen. Die Sitzflächen von Stühlen und Hockern oder die Tischflächen sollten aus offensichtlichen Gründen niemals geschnitzt werden. An den Rändern und Beinen gibt es viel Platz für den Schnitzer, der durch Farbgebung und Vergoldung noch auffälliger gestaltet werden kann, Abb. 64 und 66 .

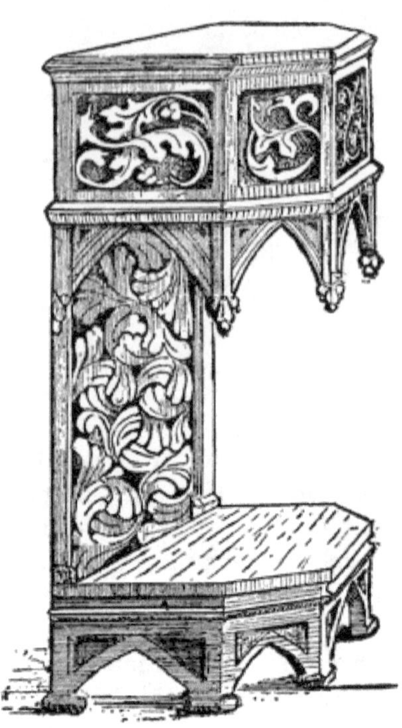

Abb. 66. KONSOLE ODER HALTERUNG.

Boxen. Diese haben sich in allen Zeitaltern gebildet Lieblingsmotive für die Dekoration. Sie variieren vom kleinsten Sarg bis zur Truhe. Eine Schachtel mit Deckel bildet fünf Felder, von jedem Punkt aus gesehen sogar drei. In Italien wurden sie früher oft außen und innen geschnitzt. Kästen können durch einfaches Kleben, Nageln oder Schrauben hergestellt werden, sie können jedoch von einem erfahrenen Handwerker so zusammengefügt werden, dass die Verbindung kaum wahrnehmbar ist. *Video* „Forty Lessons in Carpentry Practice" von C. F. Mitchell. Cassell und Co. Es ist eine Meisterleistung im Möbelbau, dies *perfekt zu machen* , und so verbundene Kisten sind sehr teuer. Das Erscheinungsbild von Kisten wird durch das Hinzufügen von Zierleisten , Sockeln und hervorstehenden Verzierungen erheblich verbessert. Dem Schüler wird empfohlen, ein paar Bosse, etwa Tierköpfe oder Gesichter und Rosetten, zu schnitzen oder zu kaufen und das Experiment auszuprobieren, sie auf eine Kiste zu montieren oder sie darauf zu schnitzen, Abb. 67 .

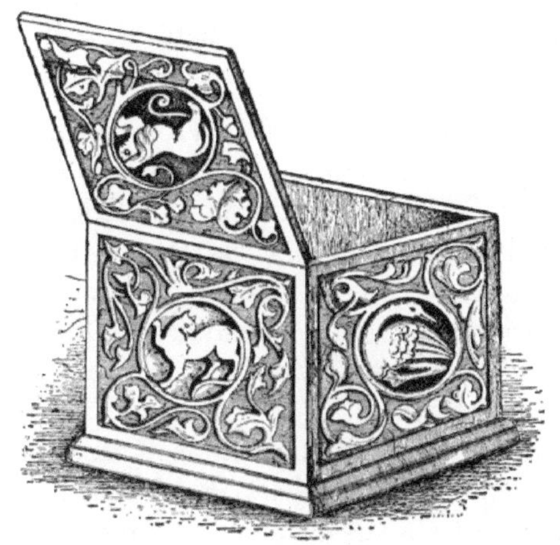

Abb. 67.

Schatullen für Zigarren. Dies gilt auch für Gefäße, in die Blumengläser gestellt werden dürfen. Nehmen Sie einen gedrechselten oder fassähnlichen Zylinder aus Holz und setzen Sie einen Sockel und einen Deckel darauf. Sie können aus sehr großen Bambusstücken bestehen, die auch schön geschnitzt und teilweise in den Linien gefärbt sein können , wie es in China üblich ist. Bei gedrechselten Zylindern und Bambus ist es am besten, sie mit Metallringen zu umgeben, um ein Splittern zu verhindern. Sie können auch quadratisch, also als Kisten, ausgeführt sein.

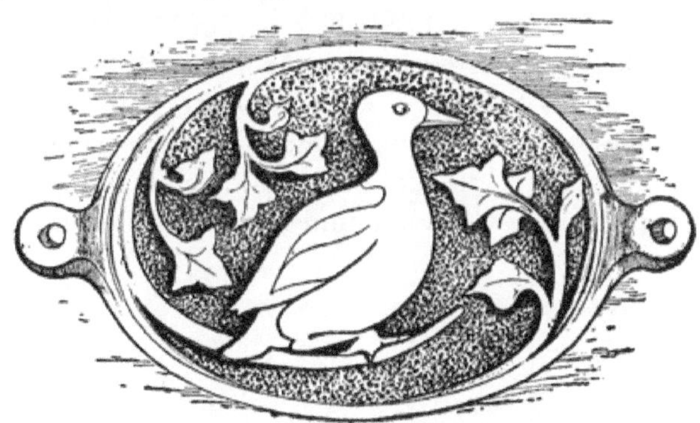

Abb. 68. TABLETT FÜR ZIGARRENASCHE.

Tabletts für Zigarrenasche. Diese sind am besten, wenn sie aus hartem Holz geschnitzt sind, z. B. aus Buchsbaum, es kann jedoch auch jedes andere verwendet werden. Es ist viel besser, sie etwas größer und tiefer als viele andere zu machen, da ständig Asche aus kleinen und flachen Aschen geschlagen wird. Sie können rund oder eckig sein, wie ein Fisch oder ein kleines Buch (mit Deckel), eine Muschel, eine Schildkröte oder eine ausgehöhlte Hand, ein Gesicht oder die Figur eines beliebigen Tieres oder Menschen, Abb. 68 .

Korbarbeit. Dies lässt sich sehr leicht in Holz nachahmen und bildet für viele Arten von Gegenständen einen sehr hübschen und fantasievollen Stil. Nehmen Sie jede Art von Korbgeflecht, entweder das aus gespaltenen Weidengeflecht, das halbrund ist, oder das italienische Binsengeflecht, oder das indianische Geflecht, das aus flachen, miteinander verwobenen Eschen- oder Kiefernrindenstreifen besteht, oder indisches Rattan, und imitieren Sie es es mit flachen Hohleisen oder Festigern . Es ist eine sehr einfache Arbeit, und Anfänger werden schnell zu Experten darin. Es verbessert die Wirkung nach Abschluss der Arbeit, wenn dunkle Farbe in die Vertiefungen gestrichen wird. Als Windelboden kann Korbgeflecht verwendet werden. Das indianische Korbgeflecht aus flachen Streifen mit einer Breite von einem Drittel bis einem Zoll lässt sich am einfachsten nachahmen und kann mit einem einzigen V-Werkzeug oder einem festeren Werkzeug ausgeführt werden.

Fässer, kleine Fässer, Fässer. Diese eignen sich für Papierkisten oder zur Aufbewahrung von Stöcken und Regenschirmen. Wenn sie geschnitzt und gefärbt sind, ergeben sie sehr attraktive Möbelstücke. Sie können als Gartensitze verwendet werden. Köpfe von Tieren An diesen *sind Applikationen anzubringen* , einige für Griffe zum Anheben, oder es müssen zu diesem Zweck Löcher in sie geschnitten werden, *siehe* Abb. 56 .

Rahmen für Bilder oder Spiegel. Diese bieten dem Holzschnitzer eine große Auswahl, denn alle Bordüren eignen sich für Rahmen. An den Ecken und in der Mitte des Rahmens können Köpfe *angebracht werden* . Es wäre sehr zu wünschen, dass Designer und Schnitzer ihren Erfindungsreichtum einsetzen und sich bemühen würden , die Monotonie und Schwäche aufzubrechen, die die meisten Rahmen, *Vide-* Bordüren und Fotorahmen charakterisieren.

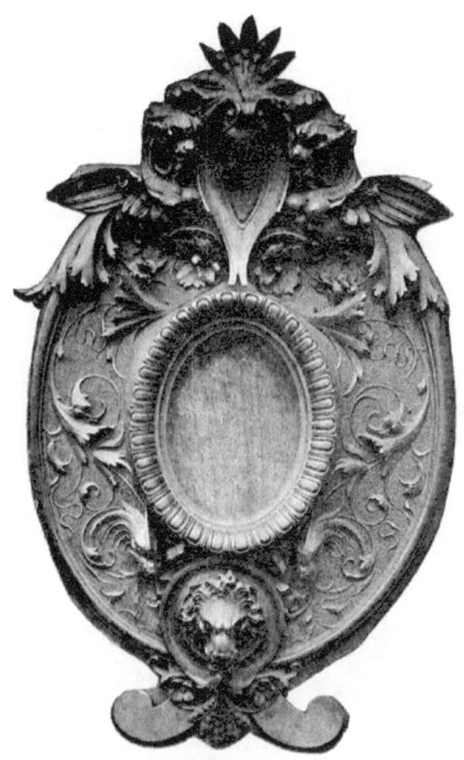

Hörner. Hörner können, wie zuvor beschrieben, geschnitzt werden, und es ist leicht, sie aus Holz zu imitieren. Sie sind Ziergegenstände und nützlich, wenn sie zur Aufbewahrung kleinerer Gegenstände aufgehängt werden. Sie können durch Einweichen in heißes Wasser weicher und flacher gemacht werden, *siehe* Anfang der fünfzehnten Lektion.

Fliesen. Das sind wirklich Panels. Es handelt sich um Holzstücke mit einer Dicke von einem halben bis einem Zoll und der Größe gewöhnlicher Fliesen, die mit freier Hand in kräftigem Relief geschnitzt sind, ob gefärbt oder nicht, und sehr nützlich für die Dekoration von Häusern, Kaminumrandungen, Gesimsen und Ecken sind . Wenn die Fliese mit vielen Wiederholungen verwendet wird, wird sie zum Windelornament.

Fenstergärten mit Blumentöpfen. Dies sind quadratische Truhen, solange das Fenster breit und zwischen 30 und 40 cm tief ist. Sie können aus zwei oder drei Paneelen oder einem langen Paneel vorne und einem an jedem Ende bestehen. Sie bilden bewundernswerte Dekorationsgegenstände.

Alben, Portfolios, Buchcover. Dabei handelt es sich um Tafeln, die in der Holzschnitzerei eine unendliche Vielfalt an Designs und Effekten bieten. Sie können sehr schön und leicht durch bloßes Stempeln und Umreißen (*siehe* Lektion II) oder durch das Einbringen von Windelgrund oder Korbgeflecht oder durch sehr flache Reliefschnitzereien verziert werden. In diesem Fall sollte ein kleiner Rand vorhanden sein höheres Relief, um das Muster vor Abrieb zu schützen, Abb. 70 .

Kanus. In vielen Ländern werden große oder echte Kanus aus einem Stück Holz gefertigt und aufwendig geschnitzt. Sehr hübsche Miniaturkanus mit einer Länge von einem bis drei Fuß können aus jeder Art von Holz hergestellt und mit jeder Art von Verzierung bedeckt werden. Es ist nicht notwendig, sie aus einem einzigen Block oder Baumstamm auszuheben, da sie aus zwei oder mehr Teilen bestehen können. Sie bilden nützliche Behältnisse für viele Gegenstände.

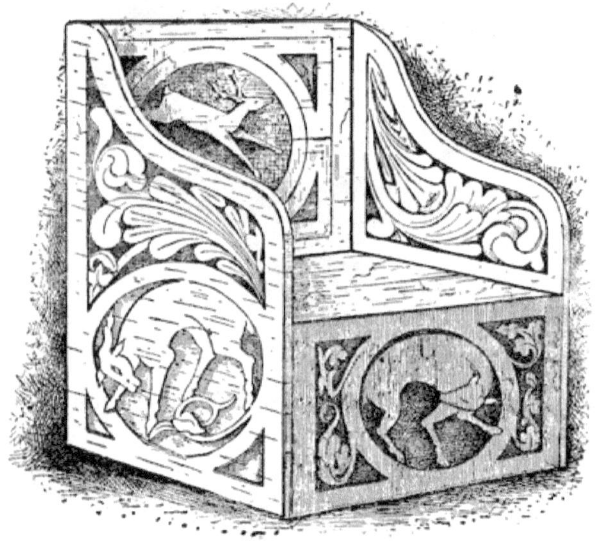

Abb. 69.

Türverkleidungen. Diese können im Allgemeinen verziert sein. Jede Art von Holzschnitzerei ist auf sie anwendbar, aber es sollte beachtet werden, dass für alle derartigen Dekorationen ein großer, freier und kühner Stil unbedingt erforderlich ist und dass es unklug ist, Wandarbeiten anzufertigen, die aus großer Entfernung sichtbar sein sollten , aus hübschen Blumen oder zu zarter Arbeit. Ein Raum mit schönen, kräftigen Türfüllungen, Wandtäfelungen oder Decken und einem Fries wirkt halbmöbliert, während unbedeutende und schwache Verzierungen diesen Eindruck beeinträchtigen. Das große Geheimnis der Attraktivität mittelalterlicher und wilder Dekorationen ist ihre Energie. Selbst Exzentrizität und Groteske verlieren alles Abstoßende, wenn sie einfach und energisch dargelegt werden.

Auf Türverkleidungen können geschnitzte Muster im Flachrelief angebracht werden.

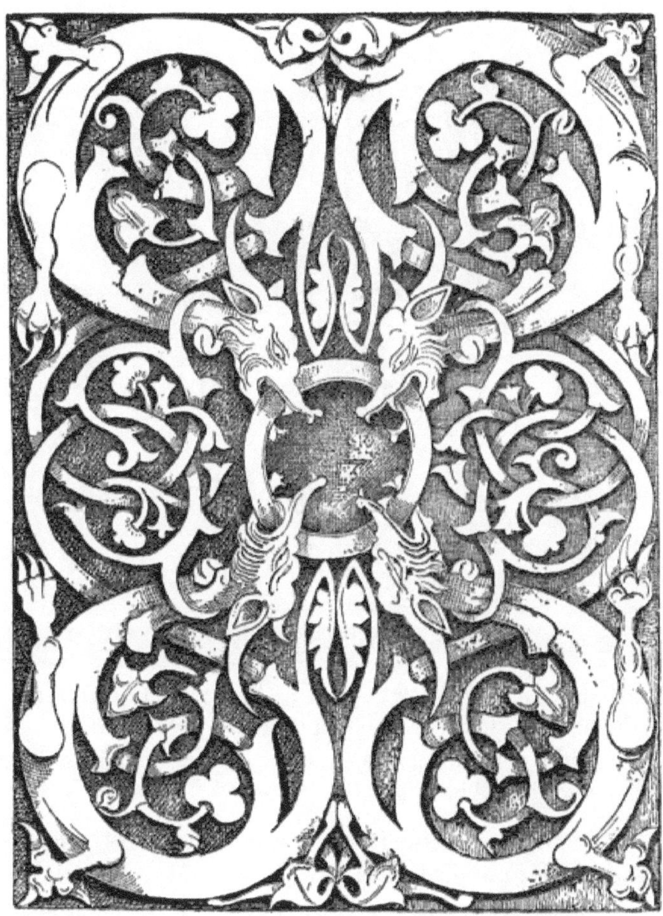

Abb. 70. ALBUMCOVER.

Fußhocker. Dies sind wirklich kleine , getäfelte Kisten, sofern sie nicht mit Stützen oder Beinen ausgestattet sind.

Bänke. Einfache Bänke werden selten dekoriert, passen sich aber wunderbar an. Schnitzen Sie niemals die Sitze, es sei denn, sie sind zum Schutz vor Regen hochklappbar. In diesem Fall können die Unterornamente von Chorsitzen oder Misereres entsprechend verwendet werden. Wenn die Bank eine Rückenlehne hat, wird sie zu einem unhöflichen Sofa oder Sofa oder Sessel (angelsächsisch *setl* , ein Sitz). Genau genommen handelt es sich bei einer Sitzbank um eine *lange* Bank mit hoher Rückenlehne. Dies kann in Tafeln geschnitzt werden. Es gab einen alten sächsischen und frühen englischen Doppelstuhl für zwei Personen, der einer kurzen Sitzbank ähnelte.

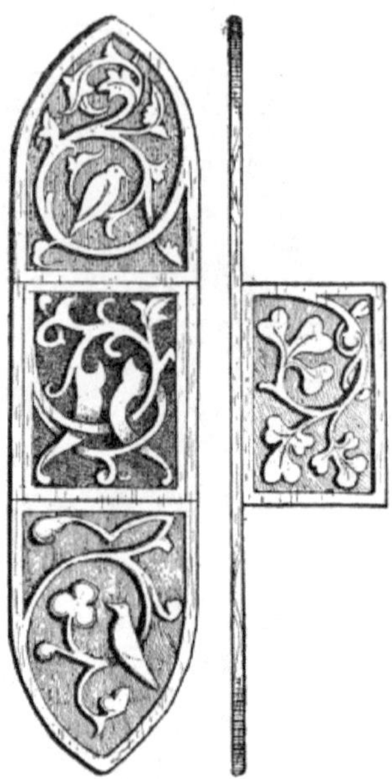

Abb. 71. HÄNGEBOX.

Hängeboxen. Hierbei handelt es sich im Allgemeinen um Kästen mit einer Rückseite, die das längste Stück darstellt und über und unter dem Behälterteil verläuft. Sie eignen sich für Zeitungen oder Briefe. Auf sie ist jede Art von Schnitzerei anwendbar, Abb. 71.

Schlüsselkästen. Das sind kleine Hängeschränke. In jeder Familie liegen viele Schlüssel von Koffern und Möbeln lose herum und sind bei Bedarf schwer zu finden. Wenn es einen Schlüsselkasten gäbe, wären sie immer leicht zu finden. Machen Sie einen Kasten oder Rahmen, sagen wir 18 Zoll lang und 10 Zoll breit, aus vier Streifen Fichtenholz oder einem anderen Holz. Diese Streifen können einen halben Zoll dick und einen Zoll breit sein. Nageln oder kleben Sie sie zusammen, sodass die vier Seiten einer Schachtel entstehen. Nehmen Sie dann ein, zwei oder drei Streifen dünnes, gehobeltes Brett und nageln Sie sie sauber fest, um eine Rückseite des flachen Kastens zu bilden. Nehmen Sie nun eine Platte, die den Deckel oder die Tür des Schrankes bilden soll. Es ist besser, einen schmalen Rahmen aus vier Leisten herzustellen und darin das Paneel als Tür mit Scharnieren und Schloss einzubauen. Dieses soll an die Wand gehängt werden. Es wird das Ganze sehr verbessern, wenn das Innere und die Außenseite des Schranks oder die gesamte Oberfläche passend zur Tür gebeizt werden, die, da sie geschnitzt werden soll, aus Walnuss oder Eiche oder einer besseren Holzart sein sollte . Besorgen Sie sich dann ein paar kleine Nägel mit silbernen oder plattierten Köpfen und schlagen Sie sie in Reihen in den Schrank ein. An diesen sind die Schlüssel aufzuhängen.

Schränke. Dabei kann es sich um aufrecht stehende Kästen mit Türen handeln, die an drei Seiten verziert sind, wobei die vierte Seite an die Wand gestellt wird, oder dreiseitig für eine Ecke. Die Formen von Schränken sind äußerst vielfältig und der Künstler sollte sich viel Zeit für die Gestaltung nehmen. Es gibt sie in allen Größen, von tollen *Kleiderschränken* bis hin zu Schatullen. Das Wort Kabinett leitet sich vom französischen *cabane* , einer Hütte, ab. Die ersten Bewohner Italiens bauten die Behälter für die Asche der Toten genauso an wie die Hütten, in denen sie wohnten.

Sabots oder Holzschuhe. Diese eignen sich hervorragend zum Schnitzen und sind sehr hübsch, wenn sie gefärbt oder elfenbeinfarben, im antiken Stil bronziert oder auf andere Weise verziert sind. Sabots sind nützlich, um kleine Gegenstände aufzubewahren, und können in Zigarrenaschenhalter umgewandelt werden.

Regenschirmgriffe. Diese bieten dem Designer und Schnitzer kleiner Objekte ein unerschöpfliches Feld.

Humpen. Diese und alle Arten von zylindrischen Objekten sind vom Design her die gleichen wie Tafeln, nur dass das Muster, wenn es nicht in festgelegte Unterteilungen unterteilt ist, kontinuierlich sein muss oder ohne Unterbrechung umlaufend sein muss. Sie wurden bereits beschrieben.

Stift- und Bleistiftboxen. Eine sehr praktische Form ist die eines rundgedrehten, schlichten, aufrechten Holzgefäßes. Kleine quadratische oder runde geschnitzte Schachteln für diesen Zweck sind nicht schwer herzustellen. Sie können wie Türme oder Burgen, Baumstämme, Fässer oder fast alle hohlen Gegenstände sein.

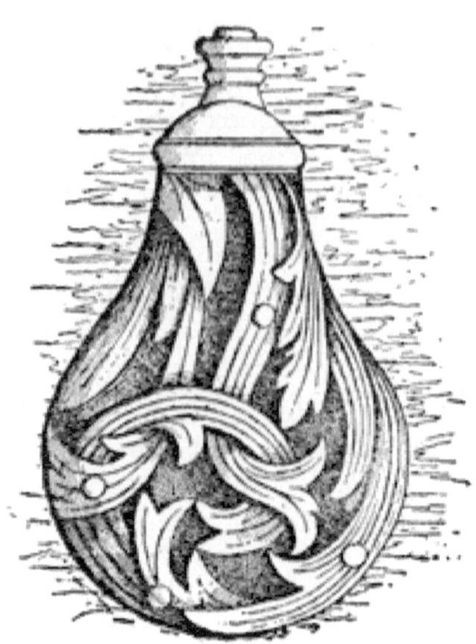

Abb. 72. FLASCHE.

Pilgerflaschen und Pulverflaschen. Nehmen Sie zwei Bretterstücke mit einer Dicke von jeweils 2,5 cm, hobeln Sie sie glatt und sägen Sie beide in genau passende Ovale, beispielsweise 15 x 25 cm. Von beiden die Mitte wegschneiden . Passen Sie sie genau an. Runden Sie dann jede Hälfte so ab, dass sie zusammen einen runden Ring bilden, wie ein französischer Laib. Anschließend die Mitte beider Teile inklusive Hals vorsichtig aushöhlen und die Hälften zusammenkleben. Schnitzen Sie die Außenseite, Abb. 72 und 73 . Im Mittelalter wurden solche Flaschen in vielen Größen hergestellt, um Schießpulver zu enthalten. Sie waren aus Elfenbein oder hartem Holz geschnitzt und mit den unterschiedlichsten Motiven bedeckt, darunter Hirsche, Hunde, Wildschweine, Vögel, Amoretten, Szenen aus der heidnischen Mythologie und der Bibel sowie gewöhnliche Grotesken.

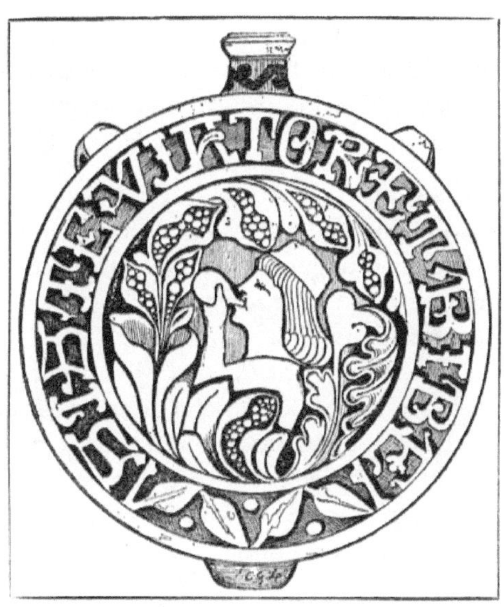

Abb. 73. PILGERFLASCHE.

Schreine oder Reliquien. Dies ist die herkömmliche Bezeichnung für Kisten oder Schatullen, die genau die Form von Häusern haben und deren Deckel eine Seite des Daches darstellt. Die Form ist praktisch für eine Box. Sie waren mit Ornamenten unterschiedlichster oder grotesker Art bedeckt.

Mumien. Die ägyptische Mumie oder ihre äußere Kiste bzw. ihr Sarkophag ist ein hervorragendes Motiv für eine nützliche Kiste. Nehmen Sie zwei Holzstücke und formen Sie daraus eine Schachtel nach dem ägyptischen Typ, d. h. der Deckel ist etwa ein Viertel so dick wie die Schachtel. *Applizieren* oder kleben Sie weiteres Holz auf den Deckel in der Mitte . Das Ganze kann dann in Form geglättet, bemalt und vergoldet oder in Flachreliefs geschnitzt oder einfach geprägt werden. Es kann auch komplett vergoldet sein und die Punktierung und Schatten in Braun oder Elfenbeinfarben bemalt sein. Nehmen Sie als Modell einen echten Sarkophag. Die Arbeit ist nicht schwierig und das Ergebnis wird ein sehr schönes Objekt sein.

Römischer Sarkophag. Dabei handelt es sich einfach um eine quadratische Box mit sehr hohem Relief, nach dem Vorbild eines römischen Grabes. Die Ornamente können *appliziert sein* . Diese Sarkophage sind in Elfenbein sehr schön.

Bücher. Ein sehr hübsches Muster für eine Schachtel ist ein altes Buch aus dem 12. oder 13. Jahrhundert mit seinen Verschlüssen und anderen Ornamenten in Hochrelief. Einer der Deckel ist auf Scharnieren befestigt und bildet den Deckel. Es sollte darauf geachtet werden, das Ganze so zu polieren und zu verzieren, dass es wie ein Original aussieht. Es war sehr üblich, die Seiten alter Bücher aus Holztafeln herzustellen, die in Hochreliefs geschnitzt waren. Silber- , Messing- oder Eisenverschlüsse und Nieten aus solchen alten Büchern können in vielen Trödelläden gekauft werden .

Dauben oder Alpenstöcke. Ein vier bis fünf Fuß langer Stab ist für einen Fußgänger, der eine weite Strecke zurücklegt, nützlicher als ein Stock, und es ist bemerkenswert, dass er so ungenutzt blieb. In früheren Zeiten wurden sie in nördlichen Ländern oft quadratisch gemacht, wobei die Ecken leicht abgerundet waren, und dann mit Runeninschriften und Ornamenten bedeckt. Dabei handelte es sich sehr oft um Almanache, so dass ein Mann, der wissen wollte, welcher Tag in der Woche oder im Monat war, nur seinen Mitarbeiter konsultieren oder „den Stock hochziehen" musste. Diese wurden Clogs genannt. Sie könnten für viele Touristen akzeptabel und nützlich sein. Sie wurden üblicherweise von den Bauern geschnitzt und einige sind möglicherweise noch in Suffolk zu finden.

Löffel. Holzlöffel lassen sich leicht schnitzen und verzieren. Es ist sehr merkwürdig, dass ganz abgesehen von dem modernen Slang, der mit den Wörtern „ sponey " oder „to Spoon" verbunden ist, zwei Löffel aufgrund ihrer genauen Passung in vielen Ländern als eine Art Ehe und vollkommene Übereinkunft angesehen werden. In Wales, wie auch in Schweden und Algerien, ist es üblich, einem frisch verheirateten Paar ein Stück Holz zu schenken, das in Form von zwei Löffeln geschnitzt ist, und ich selbst besitze Exemplare davon. Wenn jemand den Brauch in England etablieren möchte, wird er wahrscheinlich feststellen, dass das Geschenk allgemein willkommen wäre. Zwei Löffel in einer Tasse sind bekanntlich das Zeichen einer glücklichen Ehe. Ich habe große geschnitzte, bemalte und lackierte oder vergoldete Holzlöffel gesehen; Zwei davon wurden mit einem Band zusammengebunden und als Amulett aufgehängt, um den Frieden zu sichern.

Balg. Diese sind im Flachrelief geschnitzt und können durch einfache Einkerbungen oder Umrisse und Prägungen verziert sein. Am einfachsten ist es, sich das Holz zu besorgen und es auszusägen, etwa einen halben oder einen Drittel Zoll dickes Walnuss- oder Eichenholz, es dann zu schnitzen und den Balg anfertigen zu lassen, Abb. 74 und 75 .

Platten. Nehmen Sie ein Stück Platte mit einer Dicke von einem Drittel bis einem halben Zoll und sägen Sie es in eine beliebige Form aus, beispielsweise die eines Fisches, eines Wildschweins, eines Schweins, einer Katze, eines Kaninchens, einer Schildkröte, eines Hasen usw ., wobei darauf zu achten ist, dass die Form immer der eines Kreises, eines Ovals oder zumindest einer Raute nahe kommt . Die meisten Tiere können passend zu einem kreisförmigen Rand gezeichnet werden, wie Sie selbst feststellen können, indem Sie eine Katze, einen Hasen usw. in einen Reifen legen. Mit gestanzten

Arbeiten eindrücken oder in Bandarbeit eingravieren, Flachrelief erstellen, sorgfältig ausarbeiten und polieren, schwarz färben und dann ölen oder lackieren. Diese eignen sich zum Platzieren zwischen Tassen, Vasen usw. und der Tischdecke. Sehr hübsche Effekte können durch das Einlegen kleiner Perlen- oder Elfenbeinscheiben zur Bildung der Augen usw. erzielt werden.

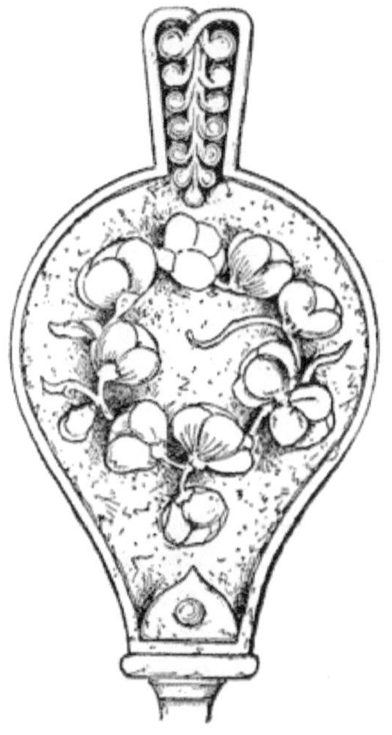

Abb. 74. DIE WINDBLUME
ODER ANEMONE.

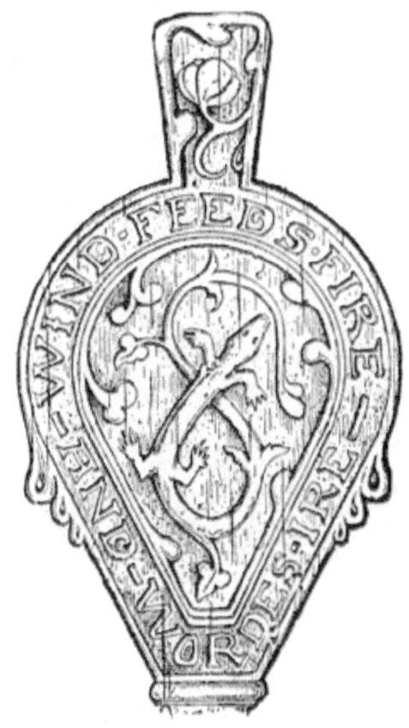

Abb. 75. EIN SALAMANDER.

Lünetten und Räume. Es kommt oft vor, dass sich über einem Schornstein oder einer Tür oder unter oder über einem Fenster ein Raum befindet, der einem Halbkreis, einer halben Ellipse oder einem Oval oder einem Quadrat oder Rechteck jeglicher Art ähnelt, was durchaus möglich ist ausgefüllt, und man wird feststellen, dass es in den meisten Fällen nichts Passenderes als Holzschnitzerei gibt. Für jeden, der auch nur ein wenig mit dem Zeichnen vertraut ist, wird es eine einfache Sache sein, die Entwürfe in diesem Werk oder im „Handbuch des Designs" an solche Räume anzupassen.

Falsche Sofarücken. Wenn eine schlichte, flache Lounge oder ein Sofa an eine Wand gestellt wird, kann ihr Erscheinungsbild auf zwei Arten erheblich verbessert werden. Erstens kann ein Teppich oder Stoff an die Wand gehängt werden, der nur in der Größe und Größe darauf abgestimmt ist. Zweitens, und das ist sehr effektiv, lassen Sie Bretter oder Paneele zu einem Stück zusammenfügen, so breit wie das Sofa lang ist, und von 60 cm bis zu jeder gewünschten Höhe. Es kann bis zum Boden reichen oder beim Sofa beginnen. Schnitze es. Dies scheint die Rückseite des Sofas oder ein Schutz für die Wand zu sein; auf jeden Fall wird es sehr gut aussehen. Es kann aus einzelnen Paneelen bestehen, beispielsweise 15,2 x 20 x 12 oder 16 Zoll, die zu einem Rahmen zusammengesetzt sind. Solche Teile können als Rückseite für jede Art von Möbelstück platziert werden, das dauerhaft an der Wand ruht.

Türstücke. Paneele, die genauso lang sind wie die Tür breit, und einen bis zwei, drei oder sogar vier Fuß breit sind, bilden, wenn sie geschnitzt sind, hübsche Dekorationen, die *über* einer Tür angebracht werden können; Sie können auch zur Platzierung über Fenstern verwendet werden. Auf ihnen machen sich Inschriften oder einfache Figuren mit Ornamenten sehr gut.

Außen- oder Fassadenteile. Manches Haus, sei es ein Herrenhaus oder ein Landhaus, das völlig prosaisch und schlicht wirkt, könnte erheblich verbessert werden, wenn zwischen seinen Fenstern an der Außenseite Ziertafeln angebracht würden. Diese können bemalt, in Stein gemeißelt, aus Portlandzement oder anderem Kunststein geformt und in vielen Fällen auch aus Holz geschnitzt sein. Für diese Tafeln eignen sich verzierte Inschriften in Altenglisch und einfache Figuren; Auf jeden Fall sollen diejenigen, die sie adoptieren, versuchen, die alltäglichen Amoretten und Ornamente zu vermeiden, die man normalerweise in der Wanddekoration sieht. Es ist vielleicht nicht in Ordnung, grotesk zu sein, aber diejenigen, die es gänzlich meiden, sind fast immer alltäglich. Abb. 76 .

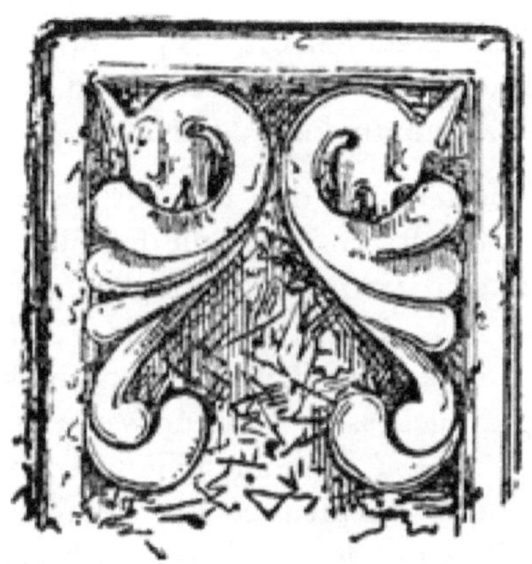

Abb. 76.

Holz- oder Kohlekisten. Dabei handelt es sich um quadratische Kisten mit Deckel, die neben dem Kamin aufgestellt werden. Der Kohleneimer mit den Kohlen kann hineingelegt werden. Beim Schnitzen aller dieser Art ist es eine gute Idee, dekorative Schriftzüge und passende Mottos einzuführen.

Brotplatten. Diese sind in jedem Mode- oder Einrichtungsgeschäft zu sehen, in dem Holzwaren verkauft werden. Sie können durch Schnitzen erheblich verbessert werden, so dass sie als runde Platten dienen.

Schornsteinstücke. Diese bestehen in der Regel aus Lisenen und Lisenen und können von jedem angefertigt werden, der diese im Detail ausführen kann. Es ist wünschenswert, dass der Schüler einige oder viele große oder kleine Schornsteine von echten Schornsteinen nachahmt und die Verzierungen daraus übernimmt. Und da es sich um Artikel handelt, die viel Abnutzung und Abnutzung ausgesetzt sind, sollte man bedenken, dass eine allzu empfindliche Oberfläche dort fehl am Platz ist, wo mit Sicherheit eines Tages Schrubben mit Seife und Sand einsetzt und wo auf jeden Fall Abstauben und andere Prozesse sind unvermeidlich. Nach ein paar Jahren sind die Blätter oder Blüten bis zum letzten Grad verkümmert, beginnen ihre Blätter abzuwerfen und erscheinen zerbrochen oder ausgefranst. Gute flache Schnitzereien, die alles aushalten, sind besser als diese, und die Rosen, selbst wenn sie im Hochrelief sind, würden nicht schlechter aussehen, wenn sie solide, aber konventionell geschnitten wären. Ein guter Kaminsims und ein hübscher Sessel mit hoher Rückenlehne können von jedem, der sich mit gewöhnlichem Tafelschnitzen auskennt, sehr gut ausgeführt werden.

Selbst in der bescheidensten Hütte gibt es keinen Kamin, für den nicht ein Schornstein angefertigt werden könnte. Sein oberer Teil kann in den meisten Fällen so gestaltet werden, dass er Regale oder einen Schrank trägt;

In einer Ecke sind diese natürlich dreieckig. Für die Verzierung können gotische oder ornamentale Schriftzüge verwendet werden. Hierzu eignen sich Sprichwörter oder Zitate rund um den Kamin.

Balken. Wenn die Balken, die den darüber liegenden Boden stützen, freigelegt werden, wird der Raum durch die Erhöhung aufgewertet. Wenn diese Balken geschnitzt sind, und sei es auch grob, scheint der ganze Raum geschmückt zu sein. Dies ist auffallend der Fall, wenn die Balken dunkelbraun gebeizt und anschließend an den markanten Stellen durch Vergoldung ein wenig ausgebessert werden. Wenn es zu schwierig ist, die Balken *vor Ort oder an Ort und Stelle* zu schnitzen , ist es einfach, sie mit aufgesetzten geschnitzten Ornamenten zu verzieren. Es sollte darauf geachtet werden, dass diese mit dem Holz einheitlich aussehen.

Gestelle. Diese können für Regenschirme, Hüte, Kleidungsstücke, Pfeifen, Waffen und andere Zwecke verwendet werden. Bei der Gestaltung kann großer Einfallsreichtum und Geschmack entwickelt werden. Lassen Sie den Designer vor allem sehr vorsichtig sein. Lassen Sie ihn darauf achten, dass die Stifte oder Haken fest befestigt und nicht verziert sind. Ich habe solche Möbelstücke gesehen, bei denen eine viereckige, scharfkantige Blume einmal und sogar zweimal an einem Haken befestigt ist, während bei anderen am Ende ein Vorsprung von mehr als einem Zoll Durchmesser vorhanden ist, der flach aufliegt Rückseite oder Unterseite, mit scharfer Kante. Das Ergebnis ist, dass es, wenn ein Mantel an der Schlaufe eines solchen Hakens aufgehängt wird und dann, wie es oft vorkommt, ein- oder zweimal gedreht oder gedreht wird, manchmal fast unmöglich ist, ihn loszuwerden.

Der Boss oder runde Mittelvorsprung war ein sehr wichtiger Teil oder eine Besonderheit der mittelalterlichen Holzschnitzerei. Es kann vorteilhaft als Mittelpunkt verwendet werden und setzt flache oder schlichte Schnitzereien gut in Szene. Es wird manchmal als Griff für Truhen verwendet. Wenn es sich um einen einfachen Halbkreis handelt, lässt er sich sehr leicht in Form skizzieren. Es kann zum Kopf eines Tieres, einer Blume, einem einzelnen Ringelblatt oder mehreren Blättern geformt sein. Der Student wird besonders aufgefordert, so viele gotische Entwürfe wie möglich zu kopieren. Ein Vorsprung am Boden einer Schüssel oder in einer Untertasse oder *einem Teller* erzeugt einen guten Effekt, da die konkave Oberfläche um ihn herum einen schönen Schatteneffekt erzeugt, der möglicherweise häufiger von Bilderrahmenherstellern verwendet wird. Auf diese Weise ist dieser sehr leicht herzustellende und sehr auffällige Schmuck vorbereitet. Besorgen Sie sich eine Schüssel oder eine flache runde Platte; Jeder Drechsler wird einen für Sie anfertigen. Dann schnitzen Sie aus einer Halbkugel aus Holz einen Kopf oder einen Kopf aus Blättern oder Blüten oder einen Drachen. Runden Sie den Boden mit einer Feile passend ab und befestigen Sie ihn mit Kleber und einer Schraube an der Schüssel. Das Innere der Schale kann poliert, lackiert, vergoldet oder elfenbeinfarben sein.

Uhrengehäuse. Eine gewöhnliche Uhr ist nicht sehr teuer, und wenn sie richtig neu lackiert und in einen gut geschnitzten Rahmen gefasst wird, wird ihr Wert deutlich gesteigert. Ein Turm ist ein sehr gutes Motiv für ein Uhrengehäuse.

Vestibül. Der kleine Vorraum zwischen der ersten und zweiten Tür, der in vielen Häusern üblich ist. Dies kann mit einer Täfelung oder Dados in langen Bahnen verziert werden. In Amerika wird es sehr oft auf diese Weise dekoriert. Für Cottages und Landhäuser oder sogar für Stadtvillen können solche Tafeln schön und passend mit Rillenarbeiten verziert werden, einem flachen Muster durch einfaches Einschneiden, wie es jeder in wenigen Stunden erlernen kann. Füllen Sie das Muster oder die Schnitte mit dunkler Farbe aus und lassen Sie es bei Temperaturschwankungen oder Reibung ölen oder lackieren. Die gleiche Arbeit eignet sich natürlich für Flure ebenso wie für alle anderen Räume, aber der Vorraum kann, da er klein ist, als Anfang dienen.

Treppengeländer. Sie stellten für die Künstler der alten Zeit eine unerschöpfliche Arbeit dar und sollten für jeden Holzschnitzer verlockend sein. Es ist keineswegs notwendig, dass sie streng durchbrochen gearbeitet sind, in Gittern oder Schienen, da schöne Objekte dieser Art früher oft in Tafelform hergestellt wurden. Der Schnitzer sollte jedoch besonders auf hervorstehende Blätter oder Häkeln achten, da diese sehr leicht zum „Verfangen“ von Kleidungsstücken führen.

Gartenarbeit. Für den Garten können in den unterschiedlichsten Formen viele kühne Holzschnitzereien ausgeführt werden. Ständer oder Tische für Topfblumen und Kübel können dekoriert, Paneele in Wände eingebaut und Sommerhäuser in weitaus größerer Vielfalt als bisher gebaut werden. Die Poesie bietet eine unendliche Vielfalt an Garteninschriften, die geschnitzt und verziert sein können. Es ist erwähnenswert, dass Statuen von Flora, Pomona und Vertumnus in einfachen archaischen Formen bei den Römern zum Schutz von Gärten und Obstgärten verwendet wurden, und es wäre eine einfache Sache, diese als Flachrelief in Tafeln zu schnitzen.

Tore. Die Tore von Landplätzen, Gärten usw. bieten dem Schnitzer viel Spielraum, und da es sich um die ersten Gegenstände handelt, die man in der Regel an einem Haus sieht, können sie am passendsten verziert werden. Wie in vielen anderen Arbeiten verbindet sich auch hier die Kunst des Tischlers mit der des Schnitzers. Es sollte jedoch bei Toren und bei allen Dekorationen beachtet werden, dass alles, was jemals in irgendeiner Weise im Weg stehen kann, nicht schön, sinnvoll oder angemessen ist. Es sollte niemals ein gezacktes oder spitzes Ornament dort sein, wo es Kleidung „fangen“ kann.

Bettgestelle. Das Bettgestell galt einst als so geeignet zum Schnitzen, dass ich in einem hervorragenden alten italienischen Werk über Möbel mehr Abbildungen dieses Artikels als alle anderen finde. Selbst sehr einfache und billige Exemplare können durch ein wenig geschicktes Schnitzen im Wert verdoppelt werden.

Tabletts. Diese können in großer Vielfalt hergestellt werden, um viele Arten von Objekten aufzunehmen. In der Regel handelt es sich bei dem Tablett um eine lange, flache Kiste, sie kann aber auch aus einem Stück Holz geschnitzt sein und dann zum Tragen von Gegenständen verwendet werden, wobei das einzelne Stück notwendig ist, um ihm Stabilität zu verleihen. Wenn das Tablett mit Schnitzereien verziert ist, ist es ein attraktives Objekt, wenn es an der Wand aufgehängt wird. Und es sei hier angemerkt, dass ein wichtiger Zweck aller Schnitzereien darin besteht, dass die meisten Gegenstände, die in irgendeiner Weise nützlich sind, bei Nichtgebrauch dekorativ sind. Wir möchten nicht, dass Tabletts und Kohlenkästen im Weg stehen, wenn sie schlicht sind, aber wenn sie dekoriert sind, dienen sie ebenso wie Bilder, um einen Raum zu schmücken.

Kohle- oder Holzkisten. Siehe Holz- oder Kohlekisten.

Salzboxen, Sammelboxen. Diese sehr nützlichen Artikel müssen weder inhaltlich noch auf die Küche oder die „Sammlung" beschränkt sein. Verlängert man den Teil der Box, der an der Wand anliegt, bzw. die Rückseite, so wird die Salzbox zu einer Art Halterung. *Video Hängeboxen.*

Regalbretter. Es kommt sehr oft vor, dass ein Literat, ein Zeichner oder ein Architekt, obwohl sein Arbeitstisch groß ist, ihn mit Büchern usw. überfüllt vorfindet. Um dafür Platz zu finden, ist das Regal sehr praktisch. Es ist einfach ein Brett, sagen wir mal einen Fuß breit, das auf zwei Stützen steht, die es zwölf bis fünfzehn Zoll vom Tisch anheben. Um Platz zu sparen, können diese Stützen jeweils eine quadratische, offene Kiste sein, in die Bücher gelegt werden können. Der Vorteil dieses Regals besteht darin, dass es jederzeit verschoben werden kann, wenn der Tisch abgeräumt wird. Ein schlichtes Brett in einem Raum ist kein attraktiver Gegenstand, daher kann seine Kante oder sogar eine Seite davon geschnitzt sein.

Konsolen und Konsolenregale. Diese nützlichen Gegenstände können in den unterschiedlichsten Formen hergestellt werden. Am einfachsten ist es, wenn drei Bretter zu einem Dreieck zusammengefügt werden. In der Abbildung Abb. 77 sind es fünf Teile. Der Mittelpunkt von *b* neigt sich in einem Winkel von 45°. Konsolenregale werden hergestellt, indem man zwei Konsolen aufhängt und ein Brett darüber legt. Eine Halterung kann auf einem längeren Brett angebracht werden und zwei oder mehr Regale haben, dann wird sie zu einem Hängeregal oder Schrank. Oder die Stütze kann ein langer Streifen sein, in den Stifte aus Holz oder Metall eingesetzt werden, an denen

Gegenstände aufgehängt werden. Eine große Vielfalt an geschnitzten oder geprägten Ornamenten kann an die Halterungen angepasst werden.

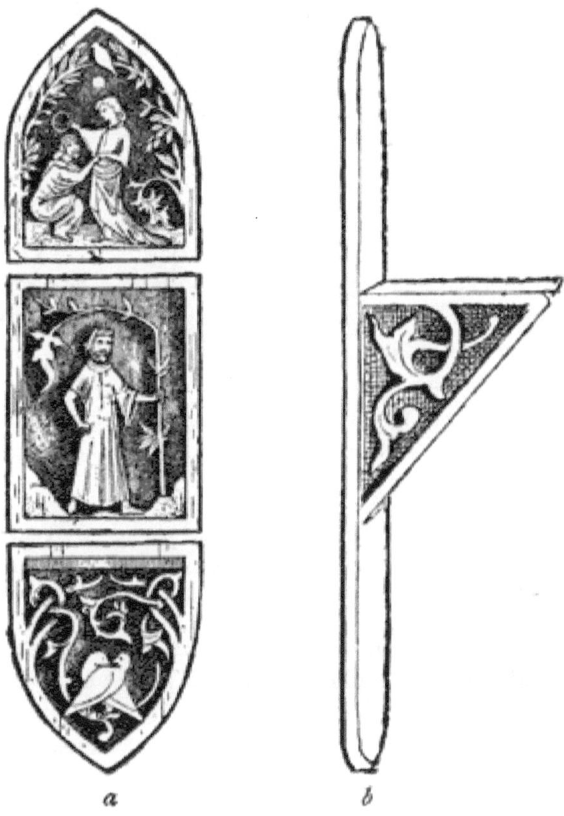

Abb. 77. HALTERUNG. DIE TANNHÄUSER.

Geigen- und Gitarrenkoffer. In früheren Zeiten waren diese oft kunstvoll geschnitzt und dienten so als Schmuck, anstatt wie alle heute verwendeten Produkte alles andere als attraktiv zu sein.

Griffe für Schubladen. Die heute weit verbreitete Hänge- oder Scharnierart altmodischer Griffe hat den Nachteil, dass sie nicht immer leicht zu öffnen oder zu „finden" ist und häufig kaputt geht. Der aufgeschraubte Knauf war ständig abgenutzt und unbrauchbar. Die beste und praktischste Variante besteht aus einem Vierkantschaft, der durch ein Vierkantloch in der Schublade geführt wird. Es hat auch in sich ein Vierkantloch, in das ein Vierkantstift eingetrieben wird, der es festhält. Zur Verzierung dieser Griffe können Schnitzereien mit sehr flachem Relief angebracht werden, die jedoch niemals so sein sollten, dass sie positive Unebenheiten hervorrufen, z. B. eindrücken oder die Hand verletzen könnten. Wenn der Stift leicht keilförmig ist, kann er weder verschleißen, noch kann sich der Griff lockern, da er dann nur noch weiter hineingetrieben werden muss. Eine sehr schlichte Kommode kann durch ein hübsches Griffset deutlich attraktiver gestaltet werden. Griffe sind eine andere Form von Vorsprüngen.

Angewandte Ornamente. Alte römische Bronzemünzen, wie sie zum Beispiel für zwei oder drei Pence erhältlich sind, sind oft hübsch genug, um in Schatullen, Krügen oder Kisten mit schöner Wirkung angebracht zu werden. Legen Sie die Münze auf das Holz, zeichnen Sie mit einer Nadel ihren genauen Kreis und machen Sie dies, bis die Linie ziemlich tief eingeritzt ist. Schneiden Sie die Scheibe sorgfältig aus, damit die Münze gut hineinpasst. Zu diesem Zweck sind sehr dicke Münzen vorzuziehen. Lassen Sie es ein wenig über die Oberfläche hinausragen. Befestigen Sie es mit Diamant- oder Truthahnzement. Selbstverständlich können Medaillen oder Münzen jeglicher Art verwendet werden. Machen Sie einen Rand aus Holz um die Münze herum und bringen Sie, wenn Sie möchten, weitere Ornamente an diesem Rand an. Große Nägel mit kreisförmigen Nabenköpfen kommen bei Möbeln sehr gut zur Geltung. Truhen lassen sich damit wunderbar schmücken.

Papierbox. Eine geschnitzte Schachtel ist viel „schöner" und stabiler als ein gewöhnlicher Papierkorb. Die Schachtel kann in einem Korbmuster geschnitzt und oben etwas breiter als unten sein.

Grenzen. Jedes in einer Linie oder einem Streifen fortgesetzte Ornament bildet einen Rand. Eine Wellenlinie oder eine Linie aus Halbkreisen, die in jedem Bereich mit Ornamenten verbunden ist oder nicht, ist ein guter Entwurf für eine Bordüre. Das Gleiche gilt für eine Rebe jeglicher Art. Wenn die Halbkreise quadriert und verbunden werden, wird daraus die Grundlage für den griechischen Mäander oder die Mauer von Troja. Es werden auch Winkel und andere Formen verwendet. Jede Windel kann wiederholt werden, um einen Rand zu bilden. Ränder um Paneele und andere Ränder sowie entlang der Kanten von Brettern für Regale, Konsolen und die meisten der in dieser Liste genannten Arbeiten können mit höchst dekorativer Wirkung und mit einer Leichtigkeit und Präzision ausgeführt werden, die durch Schnitzen nur schwer zu erreichen ist Hammer und Stempel, die in der ersten Lektion erwähnt wurden. Zuerst werden Linien auf das Werk gezeichnet, die als Orientierungshilfen für die Platzierung der Stempel dienen, um die Regelmäßigkeit sicherzustellen.

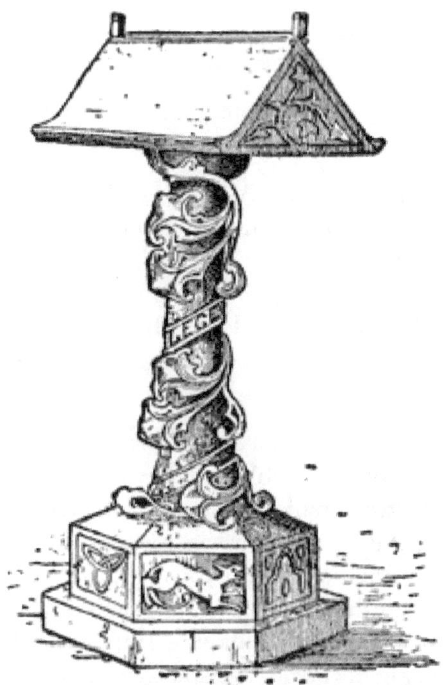

Abb. 78. REDNERPULT.

Pilaster. Obwohl dieser Begriff im Allgemeinen für etwas verwendet wird, was man eine flache Säule an einer Wand oder eine flache halbe Säule nennen kann, meint er in der Holzschnitzerei genauso oft einen senkrechten Reliefrand. Wie Bordüren werden Pilaster auf vielfältige Weise in der Dekoration verwendet, beispielsweise an Wänden, Kommoden , Schränken, Sideboards, Tischen oder überall dort, wo ein langer „Streifen" gefüllt werden soll.

Basisformung . _ Dabei handelt es sich im Allgemeinen um eine Umrandung, die den unteren Teil eines Möbelstücks usw. darstellt. Wenn also eine Platte und ein Rahmen vorhanden sind und sich darunter, knapp über den „Füßen", ein geschnitzter Streifen befindet, handelt es sich um eine Grundleiste . Schmale Filets auf diesen können auch durch Stempeln verziert werden.

Sideboard oder Buffet. Ein Möbelstück, das hervorragend zur Dekoration geeignet ist. Es kann mit einer Rückseite oder mit Regalen, Nischen oder einem darauf platzierten Schrank anstelle einer Rückseite hergestellt werden.

Almosenkästen, Spardosen. Diese sind Kirchen nachempfunden, in der Regel nach gotischem Vorbild, und bieten ein breites Gestaltungsspektrum.

Rednerpult. Ein Lesepult für die Kirche. Dies war schon immer ein Lieblingsthema von Holzschnitzern, Abb. 78 .

Enden der Kirchenbänke. Ein beliebtes Motiv für Schnitzer in alten Zeiten, *siehe* Abb. 80 .

Porte-Papier. Ein sehr nützlicher Artikel, um Papier oder ein Skizzenbuch zu transportieren oder um Blätter und Blumen zu pressen und nach Hause zu bringen. Nehmen Sie zwei Stücke Brett mit einer Dicke von einem Drittel bis einem halben Zoll und einer Größe von 15 x 20 cm, je nach Wunsch mehr oder weniger. Das Papier wird zwischen diese Bretter gelegt und das Ganze mit einer Handschlaufe gesichert. Auf diesen ist es üblich, ein Blumenmuster einzuritzen.

Ring- oder Rundschachteln. Nehmen Sie ein Brett beliebiger Dicke, z. B. 5 cm, und formen Sie daraus mit der Stahl-Laubsäge eine Scheibe oder einen Kreis, Abb. 16 ; Dann markierte er darin einen weiteren Kreis und sägte einen etwa dreiviertel Zoll dicken Ring aus. Passen Sie dazu einen Boden und einen Deckel an, beides natürlich auch kreisförmig. Es wird wie eine sogenannte Käseschachtel sein. Um die Tiefe zu verdoppeln, sägen Sie zwei Ringe aus und kleben sie zusammen. Dies ergibt eine Tiefe von 10 cm. Kästen können daher in jeder beliebigen Form, beispielsweise in Form eines Fisches, hergestellt und anschließend geschnitzt werden.

Foto- oder Spiegelrahmen oder Passepartouts. Nehmen Sie ein Stück dünnes Brett, 15 x 10 oder 15 cm, oder eine beliebige Größe. Schneiden Sie aus einer Ecke so viel heraus, wie für das Foto oder den Spiegel benötigt wird, und lassen Sie dabei genügend Holz für ein Muster übrig. Diese erfreuen sich in letzter Zeit großer Beliebtheit, Abb. 79 .

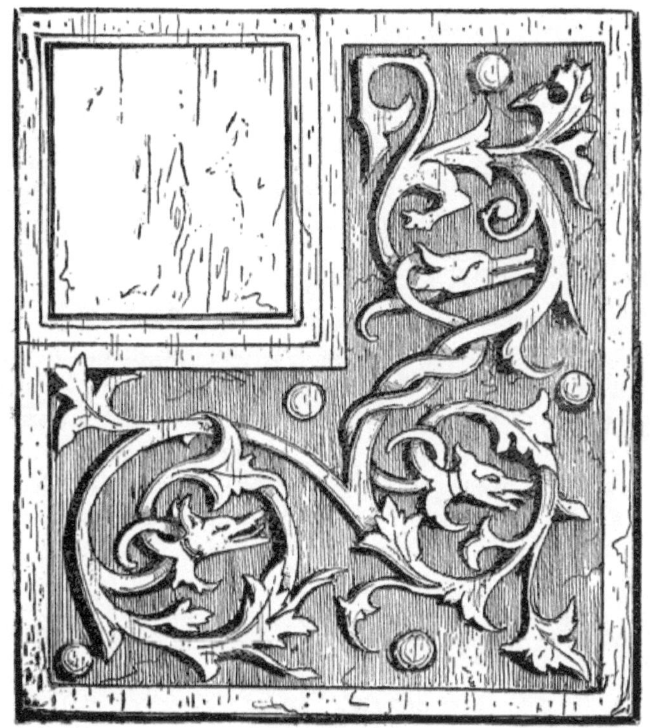

Abb. 79. RAHMEN FÜR EIN FOTO, EINEN SPIEGEL USW.

Triptychon. Zwei klappbare Abdeckungen oder Bretter mit Scharnieren, die dazu bestimmt sind, ein Bild oder ein geschnitztes, emailliertes oder eingelegtes Werk abzudecken . Diese Triptychen können umgekehrt als Schreibtische verwendet oder auf beiden Seiten geschnitzt und dann im geöffneten Zustand als Ornamente an die Wand gehängt werden. Wenn es nur zwei Tafeln gibt, wie in einem Album, spricht man von einem Diptychon.

Encoignuren. Tische mit einem Winkel, der in eine Raumecke passt.

Schilde. Aus Holz geschnitzt bilden diese wunderschöne Ornamente.

Incitega . Eine Art Ständer oder Tisch für Blumen. Es wurde im Allgemeinen aus Stäben oder Streifen hergestellt, kann aber auch sehr leicht wie eine Kiste, also ein umgekehrter Pyramidenstumpf, geformt werden. Die Seiten sind geschnitzt.

Monopodest oder Mitteltisch. Ein kleiner runder Tisch, der auf einem zentralen Stiel oder Fuß ruht und von den Alten bei gesellschaftlichen Unterhaltungen verwendet wurde.

Kugel. Ein Globus, bedeckt mit Ornamenten im Flachrelief. Sie bilden sehr wirkungsvolle Dekorationen.

Finale. Ein abschließendes Ornament, das einer Blume entspricht, wie eine Häkelarbeit einem Seitenblatt entspricht, Abb. 80 usw.

Münzklammern. Halterungen, die in die Ecke eines Raumes passen.

Eckschränke. Schränke, die an eine Raumecke angepasst sind. Es gibt auch Münz- oder Eckobjekte oder Möbel aller Art.

Formteile . Hierbei handelt es sich um schmale Ränder oder Streifen, die sich sehr effektiv zur Erleichterung langer Räume eignen. Ein guter Effekt für einen vollen Rand, einen Windelgrund oder ein breites Muster kann oft durch Verdoppelung, Verdreifachung usw. von Zierleisten erzielt werden . Durch die Verwendung des Klappspiegels kann ein Segment einer beliebigen Leiste oder Umrandung in ein Ornament umgewandelt werden, um jeden beliebigen Raum beliebiger Form auszufüllen. Es gibt verschiedene Werkzeuge, die speziell zum Schneiden von Figuren in Formteile hergestellt wurden .

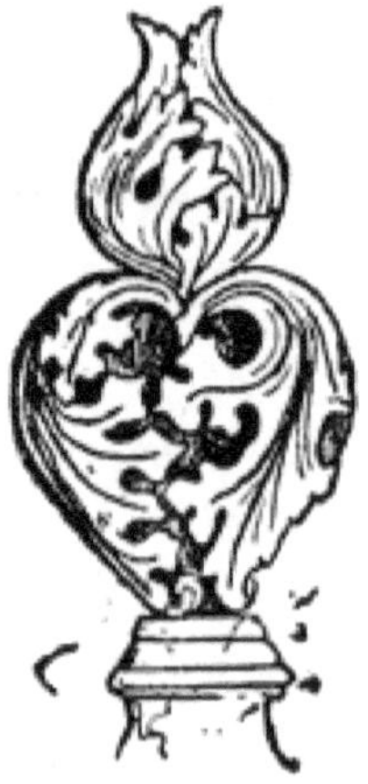

Abb. 80.
MOHNKOPF.

Mohnköpfe. Es gibt viele Fälle, in denen das Schnitzen mit gutem Erfolg zur Linderung von Kahlheit eingesetzt werden kann. „Solche Ornamente, im Allgemeinen kleine Blattwerkgruppen" (obwohl oft Figuren mit Blättern), „wurden früher auf den Tischplatten von Banktischen und anderen geistlichen Holzarbeiten angebracht" (F. W. Fairholt). Mohnköpfe können jedoch mit unterschiedlicher Form auf allen Arten von Möbeln platziert oder angepasst werden, Abb. 80 .

Leuchter. Ein Wandkerzenhalter, der meist die Form einer vorspringenden Halterung aus Holz oder Metall hat. Sie entstanden im 15. Jahrhundert und waren im Allgemeinen von aufwendiger Gestaltung. Sie können aus Brettern gesägt oder in vielen Formen geschnitzt werden.

Gitterschirme. Hierbei handelt es sich um dünne Bretter mit offenem Gitterwerk, die im Allgemeinen durch Laubsägen und anschließendes Schnitzen hergestellt werden. Sie sind für die Platzierung hinter Fenstern und für viele Zwecke nützlich.

Tympanum. Ein dreieckiger Raum, der mit geschnitzten Ornamenten ausgefüllt werden kann.

Verge- oder Barge-Board. Die Giebelverzierung aus Holz, die im 15. Jahrhundert häufig für Häuser verwendet wurde. Es bietet ein weites Feld für die Dekoration.

Kränze. Geschnitzte Kreise oder Ringe aus Holz, die besonders in Abständen aufgehängt schöne Ornamente bilden. Sie können für Bilderrahmen verwendet werden, Abb. 81 .

Acerra. Eine quadratische Box, auf Beinen oder Stützen.

Köpfe und Beine. Wenn ein Zylinder, ein quadratischer Stab, ein Horn oder ein ovaler Kasten einer Figur grob ähnelt, indem man ihm einen Kopf und Beine hinzufügt, nennt man das so.

Ädikula . Ein kleines Haus oder Turm, der im Allgemeinen als Kasten dient. So entstehen sehr wirkungsvolle und schöne Artikel.

Antefix. In Stein oder Holz geschnitztes oder aus Terrakotta gefertigtes Ornament, „um einen dekorativen Abschluss zu verleihen oder unansehnliche Verbindungen im Mauerwerk zu verbergen" (Fairholt). Es gibt nur wenige Landhäuser oder Cottages, in denen sie nicht angewendet werden können.

Ziborium, Synedoche . Sehr reich verzierte Gefäße, in denen die Hostie aufbewahrt wird. Sie können für Schränke nachgeahmt werden. In spanischen Kirchen werden sie *Custodia genannt* .

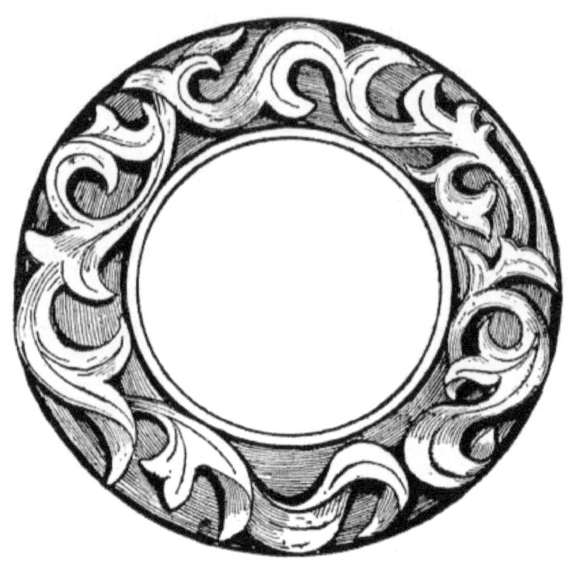

Abb. 81. RINGKASTEN, KRANZ ODER BROTTELLER.

Cyma. Ein Formkörper , der aus einer runden und einer hohlen Verbindung besteht und *Cyma recta genannt wird,* wenn er oben hohl ist, und *Cyma reversa,* wenn der Hohlraum unten liegt.

Modillons . Konsolen in der gotischen Architektur, der untere Teil hat oft die Form eines grotesken Tieres oder Menschen.

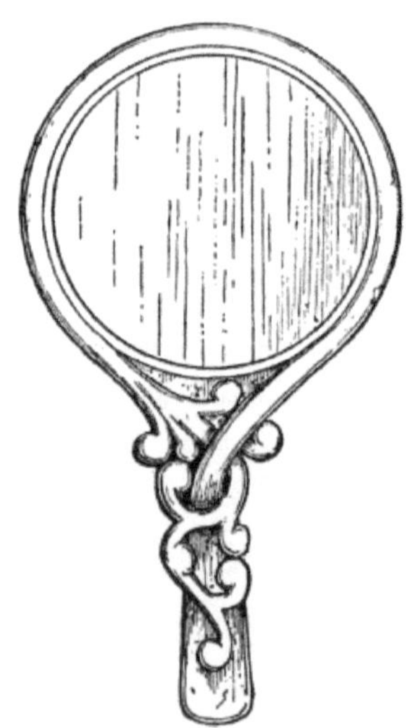

Abb. 82. HANDSPIEGEL.

Handspiegel. Diese bieten ein endloses Feld für Design. Abb. 82 .

Echinus. Die Ei-Zunge- oder Ei-Anker- Form , ähnlich wie das Herz-Pfeil-Ornament. Es ist einfach herzustellen und sehr effektiv. Auf den „Eiern" können Gesichter eingeschnitten sein.

Umrisse. Figuren von Menschen, Tieren usw., aus Brettern geschnitten oder gesägt und entweder bemalt oder geschnitzt. Sie sind in italienischen Kirchen üblich. Sie bilden sehr effektvolle Hängeornamente. Vögel können an schöne Umrisse angepasst werden.

Hammerstrahl. Das vorstehende Ende eines Balkens, oft geschnitzt.

Haubenformteil . _ Die Leiste , die eine Tür oder ein Fenster von außen abdeckt oder überragt und so eine Art Haube oder Wetterschutz bildet. Man nennt ihn auch Tropfstein oder Wetterleiste . Es lässt sich wunderbar verzieren und wird so zu einer auffälligen Dekoration.

Betrug. Die horizontale Leiste auf der Spitze einer Säule, von der der Bogen entspringt.

Konsole. (Französisch.) Halterungen in Möbeln.

Parfümkisten. Schachteln mit perforierten Deckeln, in denen *Potpourri* aus Rosenblättern oder einer Mischung aus pulverisierter Iriswurzel und Gewürzen aufbewahrt werden.

Abwanderungen. Ein geschnitztes Butterfass ist ein fantasievolles Schmuckstück, das zur Aufbewahrung von Papieren usw. verwendet wird. Der Griff ist am Deckel befestigt und dient zum Anheben des Deckels.

Griffe für Schüsseln, Tassen oder Boxen. Diese werden aus Brettern mit einer Dicke von einem halben bis zu einem Zoll gesägt und dann in der Regel mit Schrauben an der Schüssel oder dem Kasten befestigt. Wenn sie anmutig oder urig geformt sind, verwandeln sie jede gewöhnliche Schüssel oder jeden Krug mit sehr wenig Aufwand in eine attraktive Zierde. Sie kommen fast nur in Schweden und Norwegen vor, wo sie in sehr großer Vielfalt in Museen zu sehen sind.

Rindenrahmen. Auf diese Weise kann ein merkwürdiger und auffälliger Schmuck hergestellt werden. Nehmen Sie ein Stück Kork, Eiche oder eine andere Rinde, das etwa 30 cm lang und 15 cm lang sein kann. Machen Sie darin ein Oval oder einen Kreis, in den Sie ein beliebiges Motiv schnitzen können. Der Schriftsteller ließ einst ein so geschnitztes Bild der Jungfrau anfertigen, das sehr bewundert wurde. Die dunkelbraune Rinde wird deutlich verbessert, wenn die hervorstehenden Spitzen grob vergoldet sind. Wenn der

Grund der Schnitzerei vergoldet wird und die Rinde in ihrem natürlichen Zustand belassen wird, ist die Wirkung ebenfalls gut.

Dreibeiniger oder *Milchhocker* . Diese sind üblicherweise in den Sitz eingraviert. Ornamente können geschnitzt und besser angebracht werden, wie in Abb. 83 .

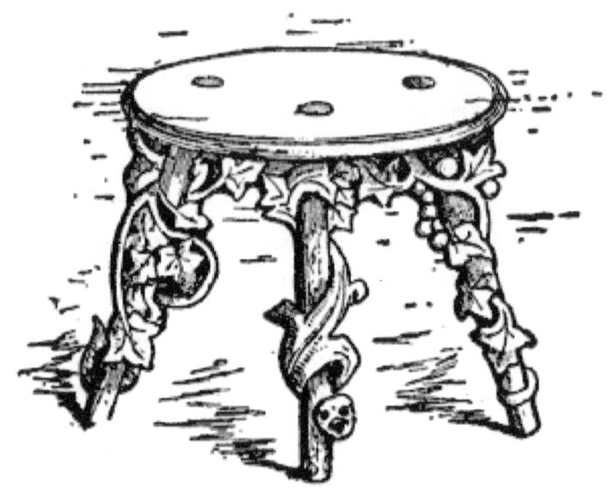

Abb. 83. DREIBEINIGER HOCKER.

[1] Um diese zu zeichnen und zu verzieren, lesen Sie „Drawing and Designing" von C. G. Leland; London, Whittaker und Co.

[2] London: Whittaker und Co. Chicago: Rand, McNally und Co.

www.ingramcontent.com/pod-product-compliance
Lightning Source LLC
LaVergne TN
LVHW051541170726
843492LV00006B/1875